W0351490

Les Anges existent !

Père Gille Jeanguenin

Les Anges existent !

Salvator
103, rue Notre-Dame des Champs
F-75006 Paris

© **Éditions Salvator**, Paris, 2008
pour cette édition de poche
103, rue Notre-Dame des Champs F-75006 Paris
salvator.editions@wanadoo.fr
www.editions-salvator.com

1re édition, Éditions Salvator, Paris, 2005

Maquette intérieure : Atlant'Communication
Couverture : Isabelle de Senilhes
Illustration de couverture : *Trois archanges et Tobie* (détail)
Francesco Botticini © Bridgeman-Giraudon

ISBN : 978-2-7067-0640-0

Tous droits réservés pour tous pays

Sommaire

DEUXIÈME PARTIE
LES ANGES, QUE FONT-ILS ?

QUATRIÈME PARTIE
LES ANGES DANS LA VIE SPIRITUELLE

Sigles de la Bible

Par ordre alphabétique

Ab	Livre du prophète Abdias
Ac	Actes des Apôtres
Ag	Livre du prophète Aggée
Am	Livre du prophète Amos
Ap	Livre de l'Apocalypse
Ba	Livre du prophète Baruch
1 Ch	1er Livre des Chroniques
2 Ch	2e Livre des Chroniques
Col	Épître aux Colossiens
1 Cor	1re Épître aux Corinthiens
2 Cor	2e Épître aux Corinthiens
Ct	Cantique des Cantiques
Dan	Livre du prophète Daniel
Dt	Livre du Deutéronome
Ec	Livre de l'Ecclésiaste
Ecq	Livre de l'Ecclésiastique
Ep	Épître aux Éphésiens
Esd	Livre d'Esdras
Est	Livre d'Esther

Ex	Livre de l'Exode
Ez	Livre du prophète Ezéchiel
Ga	Épître aux Galates
Gn	Livre de la Genèse
Ha	Livre du prophète Habacuc
He	Épître aux Hébreux
Is	Livre du prophète Isaïe
Ja	Épître de Jacques
Jb	Livre de Job
Jde	Épître de Jude
Jdt	Livre de Judith
Jg	Livre des Juges
Jl	Livre du prophète Joël
Jn	Évangile de Jean
1 Jn	1re Épître de Jean
2 Jn	2e Épître de Jean
3 Jn	3e Épître de Jean
Jon	Livre de Jonas
Jos	Livre de Josué
Jr	Livre du prophète Jérémie
Lc	Évangile de Luc
Lm	Livre des Lamentations
Lv	Livre du Lévitique
1 Mac	1er Livre des Maccabées
2 Mac	2e Livre des Maccabées
Mc	Évangile de Marc
Mi	Livre du prophète Michée
Ml	Livre du prophète Malachie
Mt	Évangile de Matthieu

Na	Livre du prophète Nahum
Nb	Livre des Nombres
Ne	Livre de Néhémie
Os	Livre du prophète Osée
Php	Épître aux Philippiens
Phm	Épître à Philémon
Pr	Livre des Proverbes
Ps	Livre des Psaumes
1 Pe	1re Épître de Pierre
2 Pe	2e Épître de Pierre
Rm	Épître aux Romains
1 Rs	1er Livre des Rois
2 Rs	2e Livre des Rois
Rt	Livre de Ruth
Sg	Livre de la Sagesse
1 Sm	1er Livre de Samuel
2 Sm	2e Livre de Samuel
So	Livre du prophète Sophonie
Tb	Livre de Tobie
1 Th	1re Épître aux Thessaloniciens
2 Th	2e Épître aux Thessaloniciens
1 Tm	1re Épître à Timothée
2 Tm	2e Épître à Timothée
Tt	Épître à Tite
Za	Livre du prophète Zacharie

Préface de Mgr Mario Oliveri
Évêque du Diocèse d'Albenga-Imperia (Italie)

Les anges, qui sont-ils ? Voici ce que répond le *Compendium* du Catéchisme de l'Église Catholique : « Les anges sont de pures créatures spirituelles, incorporelles, invisibles et immortelles, êtres personnels doués d'intelligence et de volonté. Contemplant sans cesse Dieu face à face, ils le glorifient, le servent et sont ses messagers dans l'accomplissement de la mission du salut pour tous les hommes » (n° 60). Cette affirmation, qui prend sa source dans la Révélation divine, nous transmet le contenu de la foi de l'Église et nous inspire la conduite à tenir à l'égard de ces créatures spirituelles qui, par vouloir divin, coopèrent au salut des hommes.

Le vrai croyant, le chrétien, ne peut pas nier leur existence et leur mission d'adoration de Dieu et celle au service du mystère du salut. La vie chrétienne se vit « en présence des anges », en leur compagnie, car il est vrai que ces esprits « éclairent, gardent, dirigent et gouvernent » la vie du fidèle pour que celui-ci ne s'égare pas dans les chemins difficiles de ce monde.

La publication du Père Gilles Jeanguenin sur les anges nous apparaît comme opportune et même providentielle pour les raisons que voici :

– Avec un ordre logique elle donne une ample exposition de la vérité de la foi catholique et en montre les fondements : la Sainte Écriture, les Pères de l'Église et le Magistère. Elle montre aussi que toute vérité jaillit du « sensus fidei » qui est propre à tout vrai fidèle.

– Elle empêche qu'ici et là, dans la vie de l'Église, se glisse un oubli qui serait grave : que l'on ne parle plus des anges dans la prédication et dans la catéchèse.

– Elle rappelle qu'il est nécessaire que tout traité théologique et pastoral fasse une claire référence à l'Écriture Sainte, aux Pères de l'Église, au Magistère et à la Tradition.

– Elle propose à l'homme pèlerin sur la terre la possibilité de vivre tout en communion avec les créatures célestes, avec les anges purs esprits, et ainsi de ne pas se replier sur ce qui est visible et matériel.

– Elle annonce avec un grand critère surnaturel que la dévotion envers les anges devient encore plus nécessaire et féconde alors même que l'homme risque de devenir l'esclave de ce qui passe, de ce qui change et de ce qui est éphémère.

Nous pouvons donc nous réjouir d'une telle publication et nous souhaitons qu'elle puisse passer entre les mains de nombreux lecteurs, qu'elle attire leur attention, qu'elle nourrisse leur foi, qu'elle oriente leur cœur vers tout ce qui est divin, immuable et éternel.

J'assure tous les lecteurs de ma prière.

Avec mes compliments et ma bénédiction.

Maison du séminaire, Nava
2 août 2005

† Mario Oliveri,
Évêque d'Albenga-Imperia

Introduction

Les bons anges sont de retour…

Chers amis lecteurs,

Vous venez d'ouvrir un livre qui parle des anges… Est-ce par pure curiosité ? Est-ce pour répondre aux innombrables questions que le monde de l'invisible suscite en nous ou tout simplement parce que votre ange gardien vous a guidés dans le choix d'une bonne lecture ?

Un jour ou l'autre, tous nous les avons croisés, au moins une fois, ne serait-ce que dans notre façon de nous exprimer : « Oh ! ce bébé est beau comme un ange ! Il sourit aux anges ! Je suis aux anges ! L'acrobate a fait le saut de l'ange ! Que j'aime ces pâtes aux œufs et au blé dur qu'on appelle les cheveux d'anges ! » On a peut-être tendance à les mettre à toutes les sauces et on les nomme si souvent sans même savoir qui ils sont : c'est bien dommage ! Jadis, les anges étaient partout présents : dans les écrits théologiques, dans les prières, dans l'art, dans les prédications, sur les lèvres des petits enfants comme sur celles des moribonds… Lorsque vous étiez enfant, l'un d'eux venait tous les soirs pour vous border en vous souhaitant une bonne nuit. Et le lendemain, il vous accompagnait sur le chemin de l'école. Depuis quelques décennies on a cherché à les effacer de nos livres et de nos mémoires et on s'est empressé de les reléguer parmi les vieilleries des greniers ou des sacristies… La fête de Noël avait jadis convoqué les chœurs angéliques, mais, comme l'écrit le philosophe Michel Serres dans la *Légende des Anges* : « Nous avons chassé tous les Anges de nos campagnes, où ils n'entonneront plus l'hymne des cieux. » Alors, qui chantera devant les crèches du monde entier ?

On a voulu leur couper les ailes, mais les anges sont revenus parmi nous : il n'est manifestement pas si facile de se défaire de ceux qui ont survolé les siècles, visibles et invisibles, resplendissants ou cachés. Pourtant, leur retour ne va pas de soi. Nous sommes menacés par deux erreurs que le cardinal Jean Daniélou avait déjà dénoncées : « La première vient d'esprits rationalistes qui ramènent anges et démons à des personnifications de réalités psychologiques et y verraient volontiers l'interprétation mythique de réalités dont la psychanalyse nous fournirait la clef. D'autres, réagissant à juste titre contre ces tendances, manifestent une vive curiosité du monde invisible, mais cherchent à y pénétrer par le spiritisme ou la théosophie et s'écartent par ces imprudentes tentatives de la seule voie d'accès qui nous y est donnée et qui est le Christ Jésus[1]. »

... et les mauvais aussi !...

À l'époque moderne, les anges semblaient avoir du plomb dans l'aile, ils étaient souvent boudés par les chrétiens et oubliés dans de vieux manuels miteux par les théologiens, mais les voilà de retour. Mais non pas comme les hirondelles du printemps... Si en effet les anges sont bel et bien de retour, tous ne viennent pas conforter notre foi chrétienne : télévision, cinéma, sectes et mouvements ésotériques ont su tirer parti de ce regain d'intérêt pour les anges qui, pour beaucoup, se manifeste comme un phénomène de mode, comme un besoin de croire en l'au-delà ou comme une nouvelle forme de spiritualité à l'eau de rose. Ces nouveaux anges n'ont plus rien à voir avec ceux que l'Écriture et la doctrine de l'Église reconnaissent comme messagers de Dieu au service des hommes pour les conduire sur la voie du salut. André Couture, professeur à la faculté de théologie et de sciences religieuses de l'Université Laval au Québec analyse finement la situation et prévient des dangers liés au retour de ces nouveaux anges : « Ils font plutôt partie d'un ensemble de mythes propres à légitimer une nouvelle

1. Cf. Site Internet : www.mariedenazareth.com

façon de vivre la spiritualité. Le temps des grandes institutions religieuses dans lesquelles il fallait s'engager, dit-on, est désormais dépassé. Nous sommes passés de l'ère des Poissons à l'ère du Verseau. Chacun est désormais capable d'une spiritualité autonome, capable de maîtriser sa propre vie spirituelle sans faire appel à l'autorité des Églises et de leurs prêtres.

Ce mythe fondateur favorise deux autres grandes croyances : la réincarnation qui assure à chaque individu qu'il est sur la route d'une longue évolution dont il est seul responsable, et les anges qui lui garantissent qu'il a à sa disposition tous les outils nécessaires pour avancer sur la voie de la spiritualité. Les anges d'aujourd'hui servent en fait une nouvelle façon de vivre la spiritualité centrée d'abord sur les besoins changeants de l'individu. À l'encontre des anges d'antan qui transmettaient de la part d'un Dieu transcendant un message constant et indubitable, ces nouveaux anges reflètent une époque de grande hésitation au plan religieux, une époque qui valorise la liberté de choix individuel, y compris dans le domaine des croyances ultimes. L'individu moderne est convaincu qu'il peut choisir comme il l'entend ses croyances aux réseaux ordinaires de distribution des biens de consommation courante. Les nouveaux anges ne font que renforcer son autonomie au plan spirituel. Ils lui disent qu'il n'a pas à juger des croyances des autres et qu'il peut sélectionner tout ce qui contribue à son bien-être intime. Ces anges font éminemment sens dans un contexte social qui incite à la consommation dans tous les domaines. Ce sont à leur façon des guides merveilleux susceptibles d'encourager chaque individu à poursuivre sa route, et avec qui chacun doit entrer en contact pour raviver les forces qui lui sont nécessaires pour vivre son expérience quotidienne[2]. »

Ces « anges » post-modernes appartiennent en grande partie au *New Age* et aux mouvements ésotériques et donc ne font pas partie de ceux que nous connaissons par les Saintes Écritures et par l'enseignement de l'Église. Il faut le dire clairement car je connais des chrétiens de bonne foi qui se sont fait piéger par ces fausses doctrines. Ce nouvel engouement pour l'*angélologie* peut aussi conduire à la magie, au spiritisme et au *channeling*[3], qui sont autant de pratiques réprouvées par la Parole de Dieu (Dt 18, 10-12) et par l'enseignement de l'Église (C.E.C. 2010-2017). Ces pratiques, gravement contraires à la foi, constituent une offense envers Dieu et mettent en danger ceux qui en font usage[4]. D'autres exploitent ce regain d'intérêt pour les anges à des fins malhonnêtes en proposant, par exemple, des cures bidons, des poudres

---

2. Couture A., *Les anges et les religions, continuités et ruptures :* http://www.er.uqam.ca/nobel/r14310/Anges/Cadre.html
3. Channeling : forme moderne du spiritisme où l'on prétend pouvoir communiquer avec des entités, esprits ou anges.
4. Un jour, au cours d'un exorcisme, je demandais à Satan comment il était entré dans le corps de la personne qui était possédée. Il me répondit : « Au cours d'une séance de spiritisme. »

magiques et des stages de communication avec les anges[5]. Si de vrais problèmes se posent quant au retour des anges et à leur récupération dans les médias ou croyances spirites, il ne faut pas se décourager, car malgré tout, c'est un signe qui nous dit que l'homme d'aujourd'hui a encore besoin de quelqu'un qui puisse attirer son regard vers le ciel, au-dessus des réalités matérielles, pour y découvrir le sens vrai et profond de sa propre existence. Dans une perspective de nouvelle évangélisation, l'Église et les chrétiens ne doivent pas avoir peur de parler des anges dans l'annonce des grandes Vérités de la foi, comme ils ont si bien su le faire pendant des siècles. Aujourd'hui même, après avoir donné la bénédiction eucharistique, je concluais les *louanges divines* par cette belle prière : « Béni soit Dieu dans ses anges et dans ses saints. »

5. Un certain Xanath Lichy, animateur d'une société Kevala, spécialisée dans la vente de produits diététiques, se comporte, lui aussi, comme un homme d'affaires avisé. Il organise des stages de communication avec les anges : une semaine, 2 600 euros par personne. Un tarif qui ne semble pas prohibitif aux adeptes : en 1997, 152 stagiaires, originaires de France, du Canada, de Suisse, y ont participé. (Cf. Gaetner G., *L'argent caché des sectes* : L'Express du 19/09/2002).

LES ANGES SONT DE RETOUR... JE LES AI RECONNUS !

Au moment même où je rédigeais mon introduction « Les bons anges sont de retour... », mon téléphone sonna. C'était un appel de la police locale qui me demandait de venir reconnaître les deux anges du XVIIe siècle, en bois polychrome, qui avaient été dérobés dans la paroisse où je fus curé de 1990 à 1994. Ils ont été retrouvés sains et saufs ! Ils n'auraient sans doute pas été sauvés de justesse d'une vente aux enchères si ces deux œuvres d'art n'avaient attiré l'attention des inspecteurs de police. Après treize années d'errance, ces deux statues d'anges retourneront dans leur paroisse d'origine... N'est-il pas vrai que les anges sont de retour ?

Et si nous parlions des anges...

« Qu'y a-t-il de meilleur, dis-moi ?
Parler du voisin et de ses affaires,
s'enquérir curieusement de toutes choses ?
Ou s'entretenir des anges
et des choses qui sont propres à nous enrichir ? »

Saint Jean Chrysostome, *in* Joa. Homil. 18,
PG 59, col. 119.

Chers amis lecteurs,

Je m'efforce de suivre le bon conseil de Saint Jean Chrysostome, mais comme vous le savez bien, il n'est guère facile de s'entretenir des anges avec ceux qui refusent de croire en l'existence de Dieu et en l'au-delà. Avec douleur je dois bien constater que dans nos pays traditionnellement chrétiens beaucoup nient toute réalité surnaturelle et renient ainsi la foi de leur baptême : « Je crois en Dieu le Père tout puissant, créateur du ciel et de la terre, de l'univers visible et invisible… » Grisés par les progrès de la science ou par les conquêtes du génie humain, l'homme refuse de croire en ce qu'il ne peut pas voir et expérimenter par lui-même. En ce monde déchristianisé, dans lequel l'homme se gave de tout ce qui est futile et éphémère, la présence des anges nous fait prendre ou reprendre conscience des réalités spirituelles qui nous relient à Dieu.

Je n'ai pas la science, ni les lumières d'un Jean Chrysostome, mais par l'étude et par la prière, j'ai pu me nourrir de la moëlle des Saintes Écritures, puiser dans l'enseignement de l'Église, et bien sûr, dans les trésors innombrables que les Pères de l'Église ont légués au patrimoine spirituel de la chrétienté. Je me suis abreuvé à ces sources d'eau vive de la foi et j'ai goûté aux joies spirituelles que les saints anges ont bien voulu m'apporter. J'ai découvert beaucoup d'humilité et une foi ardente dans le cœur des saints et des mystiques qui vivaient en Dieu et dans la familiarité avec ses anges ; je n'en citerai que trois, mes préférés, Saint Jean Chrysostome, Saint Bernard de Clairvaux et Saint Pio de Pietrelcina, que nous connaissons sous le nom de Padre Pio. Saint Thomas d'Aquin m'a aussi prêté main forte pour écrire ce livre grâce à sa *Somme Théologique*, où les plus subtiles questions concernant la nature des anges, leur grâce, leur intelligence, sont résolues avec une admirable maîtrise. En lisant les Pères de l'Église, je me suis rendu compte que leur réflexion s'est portée moins sur la nature des anges que sur leur mission dans l'humanité aux différents moments de l'histoire du salut. Il est fondamental que nous comprenions bien que les anges n'existent pas pour eux-mêmes : ils n'existent qu'en fonction de Dieu et de son dessein d'amour pour les hommes. Ainsi Dieu a voulu que les anges entrent dans leur béatitude en acceptant de servir « ceux qui doivent hériter du salut » (les hommes), car la gratuité de leur création fait partie du même dessein bienveillant qui a comme but l'adoption filiale de l'ensemble des créatures spirituelles.

Dans ce livre je ne parlerai que des bons anges, ceux qui servent Dieu et les hommes avec amour, car j'ai déjà publié un livre où je traite exclusivement des mauvais esprits et de l'exorcisme[6].

---

6. Jeanguenin G., *Le Diable existe !*, Éd. Salvator, Paris, 2003.

Les pages suivantes devraient nous aider à mieux connaître les anges et à apprendre à nous appuyer davantage sur eux pour mieux servir Dieu.

Je vous salue tous, priez pour moi !

Père Gilles Jeanguenin
Vico Berno 4/3
I-17021 Alassio (SV)
padregilles@yahoo.fr

• Autres ouvrages du même auteur :
Le Diable existe !, Salvator, Paris, 2003.
Le Prince des anges Saint Michel, Téqui, 2002.
Les Dix Commandements, Téqui, 2002.
Cœur à cœur avec Jésus, Téqui, 2000.

PREMIÈRE PARTIE

LES ANGES, QUI SONT-ILS ?

CHAPITRE I

L'existence des anges

• Les Français croient-ils en l'existence des anges ?

Avant d'aborder la question de l'existence des anges dans une perspective théologique, nous avons voulu connaître l'opinion des Français à ce sujet et pour ce faire, nous avons interrogé une enquête de la TNS Sofres réalisée pour le *Pèlerin* magazine. Cette étude réalisée par téléphone du 21 au 23 novembre 2003 auprès d'un échantillon national de 1 000 personnes représentatif de la population française âgée de 18 ans et plus. Méthode des quotas (sexe, âge, profession du chef de ménage PCS) et stratification par catégorie d'agglomération et par région ont été appliquées.

Les résultats

Question : Vous-même, croyez-vous à l'existence des anges ?	
Tout à fait	14
Un peu	18
Sous-total Oui	**32**
Pas vraiment	14
Pas du tout	52
Sous-total Non	**66**
Sans opinion	2

Question :

Les anges existent dans ces trois grandes religions (christianisme, judaïsme et islam). D'après ce que vous savez, quel est le rôle des anges ?*

	Ensemble		**Croient en l'existence des anges (32 % de l'échantillon)**	
	%	***Rang***	**%**	***Rang***
Ils protègent	**47**	1	**60**	1
Ils sont les messagers de Dieu	**35**	2	**43**	2
C'est une présence de tous les instants	**26**	3	**43**	3
Ils guident dans les choix importants	**15**	4	**26**	4
Autres réponses	8	4		
Sans opinion	14	4		

* Le total des % est supérieur à 100, les personnes interrogées ayant pu donner plusieurs réponses.

Question : Vous personnellement, vous arrive-t-il (ou vous est-il arrivé dans le passé) de sentir la présence d'un ange gardien ?

	Ensemble	**Croient en l'existence des anges (32 % de l'échantillon)**
Oui, tout le temps	2	5
Oui, à plusieurs reprises	14	32
Oui, une fois	9	17
Sous-total Oui	**25**	**54**
Non, jamais	74	45
Sans opinion	1	1

- **La croyance en l'existence des anges est-elle propre aux chrétiens ?**

Les anges d'aujourd'hui ne sont certainement pas tombés du ciel… Depuis les tout premiers récits bibliques, ils ont cohabité avec la plupart des cultures et des religions. Les anges ne sont pas une spécialité chrétienne : ils remontent à la nuit des temps, comme nous l'enseigne l'histoire des civilisations et des cultures. Rien ne semble plus « normal » que de croire en leur existence. Dans l'antiquité mésopotamienne, Julien Ries affirme que « le thème de la protection revient fréquemment. À coté des grands dieux qui trônent au plus haut du ciel, il y a les "anges gardiens". […] Le fidèle leur adresse des prières, des supplications, voire des offrandes[1]. » L'Égypte ancienne connaît un génie protecteur, le *Bès*, le taoïsme mystique, spécialement dans le courant Shang-Ch'ing, se réfère à des « personnes réalisées » venues de la « pureté intérieure », qui ressemblent comme deux battements d'ailes aux anges. L'*Avesta*, livre sacré du mazdéisme iranien, fait l'éloge des *Fravasi*, « troupes de divinités spécialisées dans l'assistance, qui collaborent à toutes les phases du plan divin et volent au secours des fidèles en danger[2] ». L'islam est, lui aussi, peuplé de créatures invisibles : anges, démons et *djinns*. C'est à l'ange appelé *Djibril* (Gabriel) que revient la mission de transmettre le Coran au prophète Muhammad.

• Peut-on démontrer l'existence des anges ?

Depuis la nuit des temps l'homme croit en l'existence d'un monde immatériel avec ses bons et mauvais esprits : que ce soit le monde grec avec ses demi-dieux ou génies ou que ce soit le peuple primitif avec ses danses rituelles et magiques. Toutes cultures et religions confondues se rallient à cette croyance universelle en invoquant divinités et esprits et les associant intimement à la vie de l'homme au

---

1. Ries J., *Anges et démons*, Actes du colloque de Liège et de Louvain-la-Neuve, nov. 1987.
2. Guetny J.-P., *La vie réelle des anges*, in Actualités des Religions, Mystères & Spiritualité, Hors série n °1, 1er avril 1999, p. 37.

travers de rites et de symboles religieux. Pour le chrétien, ce qui est croyance universelle devient, par la foi, une certitude. Mais aujourd'hui, dans notre monde matérialiste, et de plus en plus déchristianisé, beaucoup doutent ou refusent de croire en l'existence de ce monde invisible, peuplé de créatures spirituelles, que nous appelons « anges ». Si, comme l'affirme le sondage de la Sofres, 66 % des Français interrogés ne croient pas en l'existence des anges, on ose à peine imaginer quel est le nombre de ceux qui croient en l'existence de Dieu !

En 1950, le Pape Pie XII, dans son Encyclique *Humani Generis* dénonçait les premiers symptômes d'une profonde crise de la foi : « Quelques-uns aussi se demandent si les anges sont des créatures personnelles, et si la matière diffère essentiellement de l'esprit. D'autres corrompent la véritable gratuité de l'ordre surnaturel, puisqu'ils tiennent que Dieu ne peut pas créer des êtres doués d'intelligence sans les ordonner et les appeler à la vision béatifique[3]. » Aujourd'hui, notre culture a mis l'homme au centre de tout, et en l'arrachant à ses racines religieuses, elle fait de lui un grand solitaire. Dieu n'a pas voulu que l'homme soit seul dans la création, et pour cela, il l'a uni d'une façon surnaturelle au monde invisible des esprits célestes, qui complète et couronne le

---

3. Pie XII, Lettre Encyclique « *Humani Generis* » : Denz-Schönm, 3896.

chef-d'œuvre de la création. Face à notre mentalité à la pointe du progrès technologique, où ne compte que ce qui est prouvé scientifiquement, je n'ai pas d'argumentations fondées sur la raison qui me permettent de donner une preuve irréfutable de l'existence des anges. Mais cela ne veut pas dire pour autant que les anges n'existent pas ! Si l'homme réfléchissait sur lui-même, il découvrirait qu'il est matière et esprit, fondus ensemble, dans l'incompréhensible unité d'un même être. L'homme n'est pas isolé, ni sur la terre, ni dans le ciel.

Si vous voulez surprendre les messagers de Dieu en « plein vol », il faut ouvrir votre Bible. Je vous promets qu'en face d'eux, l'Airbus A380 c'est de la pacotille !

L'astronaute soviétique Valentina Tereskova déclara lors d'un voyage en Italie : « Tous les astronautes de l'Union soviétique sont communistes et athées. Aucun de nous n'a aperçu dans le cosmos des anges ou des archanges, et je pense que nos collègues des États-Unis non plus n'en ont pas vu dans l'espace. » Interrogé sur cette déclaration, l'astronaute américain Mc Divitt, chrétien, lui, fit cette observation : « Il me semble qu'il n'existe pas de différence entre "ici-bas" et "là-haut". Si vous vivez ici-bas dans l'intimité des anges et de Dieu, vous vivrez aussi là-haut dans leur intimité. Si vous ne sentez pas leur présence sur la Terre, vous ne la sentirez pas non plus sur la Lune ou sur Mars. »

Nostro Tempo, Turin, 22 octobre 1967

Les Saintes Écritures témoignent avec force de l'existence des anges et de leur mission spirituelle reconnue par tous les auteurs sacrés. Je dirais même que les anges sont omniprésents, de la première à la dernière page de la Bible. Ils y sont cités plus de 300 fois : 155 fois dans l'Ancien Testament et 166 fois dans le Nouveau Testament.

CHAPITRE II

Les anges dans les Saintes Écritures

• Comment les anges sont-ils présentés dans la Bible ?

Les différents livres de la Bible présentent les anges comme des êtres personnels, différents de Dieu et des hommes (Gn 19, 12-16). Les anges sont avant tout des messagers divins, des envoyés de Dieu qui transmettent ou exécutent ses volontés. Ils habitent dans les cieux (Gn 21, 17 ; 22, 11 ; Tb 12, 20 ; Mt 22, 30 ; Mc 12, 25, He 12, 22), ils entourent le trône de Dieu (Jb 1, 6 ; 2,1 ; Tb 12, 15 ; Lc 1, 9), ils sont supérieurs aux hommes (Ps 8, 6 ; He 2, 7 ; 2 Pt 2, 11) auxquels ils apparaissent sous des apparences humaines quand leur mission les y oblige (le Livre de Tobie).

• Quelle est la place des anges dans la Révélation ?

Le rôle des anges est toujours présent dans l'Écriture, mais il ne constitue pas le contenu central de la Révélation. Cette place revient au Christ, centre et sommet de la Révélation, Lui qui est aussi centre du monde angélique. Les anges sont partout dans la Bible, mais ils s'effacent lorsqu'apparaît le Christ : ils disparaissent de toute la vie publique de Jésus et ne réapparaîtront qu'au matin de Pâques, où ils retrouveront leur vocation de messagers du Ressuscité. Si les anges existent, ce n'est qu'en fonction de leur relation à Dieu, en dehors de Lui, ils n'existeraient donc pas. Ce sont ses anges à Lui, et il les a faits messagers de son dessein de salut. Ils sont là, dès la création et tout au long de l'histoire du salut, pour annoncer l'œuvre de Dieu et pour servir ses divines réalisations. Le Pape Jean-Paul II a confirmé le rôle des anges dans l'action salvifique de Dieu et dans l'histoire de l'homme en disant : « Les anges ne sont donc pas les créatures de premier plan dans la réalité de la Révélation, toutefois, elles en font partie pleinement, si bien qu'à certains moments, nous les voyons accomplir des tâches fondamentales au nom de Dieu lui-même[1]. » C'est l'ange Gabriel qui annonce la naissance de saint Jean Baptiste et celle de Jésus lui-même ; ce sont les anges qui annoncent la bonne nouvelle de la Résurrection ; ce sont encore les anges qui seront là, quand le Christ reviendra glorieux, au dernier jour, pour juger les vivants et les morts.

---

1. Jean-Paul II, A.G., 9 juillet 1986, ORf 28.

- **Quelles sont les principales apparitions des anges dans l'Ancien Testament ?**

Dans l'Ancien Testament, les anges apparaissent dès les premières pages :

Ce sont eux qui ferment le paradis terrestre
(Gn. 3, 24),
qui protègent Lot (Gn. 19),
et sauvent Agar et son enfant Ismaël (Gn. 21, 17).
C'est un ange qui retient la main d'Abraham au moment où il s'apprêtait à sacrifier son fils Isaac (Gn. 22, 11).
Ils acceptent l'hospitalité de Lot (Gn 19),
apparaissent à Jacob sur l'échelle mystérieuse (Gn 28, 12),
annoncent des naissances prodigieuses (Jg 13, 3-7),
et gardent les pas du juste (Ps 91, 11).
Les anges louent sans cesse le Seigneur (Is 6,1- 4),
et présentent à Dieu les prières des saints (Ap 8, 3-4).
Un ange accompagne le peuple (Ac 7, 53 ; Gal 3, 19 ; He 2, 2),
les autres assistent Élie (1 R 19, 5), Isaïe (6, 6),
Ezéchiel (40, 2), Daniel (7, 16),
Azarias et ses compagnons jetés dans la fournaise (Dn 3, 49-50),
et Daniel enfermé dans la fosse aux lions
(Dn 6, 23).

Enfin, l'histoire de Tobie : Raphaël « l'un des sept anges qui se tiennent devant le Seigneur » (Tb 12, 15), rendit de nombreux services à Tobit, au jeune Tobie, son fils et à Sara, la femme de ce dernier.

Dans l'attente de l'Incarnation, c'est l'archange Gabriel qui prédit à Zacharie la naissance du précurseur et qui annonce à la Vierge Marie qu'elle sera mère du Sauveur.

• **Et dans le Nouveau Testament ?**

Les anges sont partout présents dans le Nouveau Testament, à commencer par l'apparition de l'archange Gabriel à la Vierge Marie (Lc 1, 26-30). Les esprits célestes sont dans l'émerveillement dès l'instant où, « introduisant son Premier-né dans le monde, Dieu dit : Que tous les anges l'adorent » (He 1, 6).

Les anges rendent gloire à Dieu au plus haut des cieux et portent la paix sur la terre aux hommes de bonne volonté (Lc 2, 14)
et évangélisent les bergers (Lc 2, 18).
L'Ange du Seigneur rassure Joseph dans son angoisse (Mt 1, 20)
et protège la vie de l'enfant Jésus menacée par Hérode (Mt 2, 13-20).
Dans le désert, les anges s'approchent de Jésus après la tentation pour le servir (Mt 4, 11).
Ils se réjouissent de la conversion d'un seul pécheur (Lc 15, 10)

et s'indignent du scandale causé aux petits (Mt 18, 10).
Ils confortent Jésus dans son agonie, roulent la pierre du tombeau du Christ et apparaissent aux saintes femmes (Mt 28, 1-3 ; Mc 16, 5 ; Lc 23, 4-6).
Ils interviennent au moment de l'Ascension pour révéler aux disciples le sens de cet événement (Ac 1, 11).
Ils délivrent de prison les apôtres (Ac 5, 18-19), puis Pierre (Ac 12, 6-7).
Ils seront encore présents au jour du jugement avec leurs trompettes (Ap 8, 6-10).
Pour conclure, dans l'Apocalypse, c'est l'archange Michel qui combat et refoule Lucifer dans les abîmes (Ap 12, 7-12).

- **La Bible donne donc une si grande place aux anges ?**

Ces quelques passages bibliques que je viens d'évoquer suffisent à démontrer toute l'importance et la solennité du ministère que les saints anges accomplissent dans l'histoire du salut. Leur fonction est, en vérité, toute autre que marginale ou décorative comme le sont les angelots qui ornent certaines œuvres d'art. Loin d'en faire des potiches ou des enluminures, les saintes Écritures les considèrent comme les ambassadeurs que Dieu envoie auprès des hommes pour leur faire connaître sa volonté, pour les guider et les protéger. Ces esprits célestes, qui entourent le Christ et le servent avec amour, accompagnent les hommes dans leur pèlerinage vers la vie éternelle. Pour donner une vision plus complète des interventions des anges dans la Bible, j'ai ajouté une table de références bibliques à la fin du volume[2].

- **Qui est cet « Ange du Seigneur » qu'évoquent les plus anciennes traditions bibliques ?**

L'expression « Mal'âk Yahvé », ou « l'Ange de Yahvé », apparaît à de nombreuses reprises dans l'Ancien Testament et même dans le Nouveau[3] :

> L'Ange de Yahvé retient le bras d'Abraham qui s'apprêtait à immoler son fils (Gn 22, 11),
> apparaît dans une flamme de feu au milieu d'un buisson (Ex 3, 2),
> veille sur le peuple d'Israël (Ex 23, 20),
> est présent dans la colonne de nuée et de feu,
> conduit le peuple d'Israël dans la traversée du désert (Jg 2, 1),
> prescrit les haltes et les départs,
> apparaît sur la tente de la rencontre dans une mystérieuse nuée (Ex 33, 7, *ss.*),

---

2. Cf. Appendice I.
3. Cf. Mt 1, 20. 24 ; 2, 13. 19 ; Lc 1, 11 ; 2, 9.

barre le chemin à l'armée du pharaon qui poursuit le peuple hébreu dans le passage entre les flots de la Mer Rouge (Ex 14, 19, *ss.* ; Gn 16, 7).

Mais qui est-il cet ange si mystérieux ? Il intervient dans l'histoire des hommes pour leur faire connaître la volonté divine. Il s'identifie parfois tellement à celui qui l'envoie qu'il devient difficile d'établir une claire distinction entre Yahvé et son messager. Dans certains passages bibliques, l'« Ange de Yahvé », qu'on ne saurait confondre avec aucun des anges dont il est question dans notre livre, est un nom donné par respect à certaines manifestations sensibles de Dieu. Dans l'apparition à Agar, par exemple, l'« Ange » est clairement identifié avec Dieu lui-même : « L'Ange de Yahvé : Je multiplierai ta descendance » (Gn 16, 7, *ss.*). C'est aussi le cas dans la lutte de Jacob sur la rive du Yabboq (Gn 32, 25-31) : le mystérieux combattant dit au patriarche qu'il a « lutté avec Dieu » ; et Jacob d'affirmer : « J'ai vu Dieu. » A-M. Gérard conclut en disant : « Il semble bien qu'il s'agisse, là comme ici, d'une formule qui tente de réconcilier la transcendance de Dieu avec une activité divine accessible aux sens et à l'entendement humains[4]. »

---

4. Cf. Gérard A.-M., *Dictionnaire de la Bible*, Robert Laffont, Paris, 1989, p. 75, col. 2.

• L'« Ange du Seigneur » est-il aussi l'« ange exterminateur » ?

L'Ange du Seigneur, figure de Dieu, agit comme Dieu lui-même, il interpelle, rassure, console, accompagne et il sauve. Quelquefois, il apparaît sous les traits d'un exterminateur, mais il est aussi ce « bon ange » que Judas Maccabée appelle de ses « gémissement et larmes » pour délivrer le peuple d'Israël (2 Mac 11, 6). Originairement, on attribuait indistinctement aux anges des tâches bonnes ou mauvaises : Dieu envoie son bon ange pour veiller sur Israël (Ex 23, 20), mais dans certains cas, il envoie l'ange exterminateur (Ex 12, 23 ; 2 Sm 24, 16s ; 2 R 19, 35) ou des anges de malheur (Ps 78, 49). C'est après l'exil que les tâches angéliques se spécialisent davantage et les anges acquièrent une qualification morale en rapport avec leur rôle : les bons anges d'un coté, Satan et les démons de l'autre, et entre eux, il y a une opposition constante (Za 3, 1s)[5].

---

5. Cf. *Vocabulaire de théologie biblique* (Collectif), éd. du Cerf, Paris, 1970, pp. 58-59.

CHAPITRE III

Le nom des anges

• D'où vient le mot « ange » ?

« Ange » vient tout d'abord de la langue hébraïque, « mal'ak », qui veut dire « messager » et que nous traduisons en grec par *« ànghelos »*, en latin par *« angelus »*, d'où le mot « ange » en langue française. La racine sémitique du mot évoque la charge de ceux qui, à la cour du roi de ce temps-là, occupaient la fonction d'ambassadeurs ou tout simplement portaient les nouvelles.

• Quel sens doit-on lui donner ?

Juifs, chrétiens et musulmans donnent un sens qui varie entre celui de l'étymologie (l'ange est un envoyé de Dieu) et la manifestation même de Dieu de manière perceptible à l'homme : d'une tradition à l'autre, l'ange devient agent du culte, intercesseur, accompagnateur, gardien, interprète ou messager de Dieu, selon le sens étymologique.

Dans une de ses homélies, Saint Grégoire le Grand (537-604) explique comment il convient d'interpréter et de comprendre les mots « anges » et « archanges » : tout d'abord, « il faut savoir que le nom d'anges désigne leur fonction, et non leur nature. Car ces esprits bienheureux de la patrie céleste sont bien toujours des esprits, mais on ne peut les appeler toujours des "anges", parce qu'ils ne sont des anges que lorsqu'ils portent un message. On appelle "anges" ceux qui portent les messages moins importants, et "archanges" ceux qui annoncent les plus grands événements [...] En outre, certains d'entre eux sont désignés par un nom propre, afin de signifier par les mots la nature de leur action. En effet, ce n'est pas dans la sainte cité, où la vision de Dieu tout-puissant confère une connaissance parfaite, qu'ils reçoivent leurs noms particuliers, comme si, sans l'aide de ces noms, on n'avait pas pu connaître leurs personnes. C'est lorsqu'ils viennent vers nous pour exercer un ministère qu'ils reçoivent chez nous des noms tirés de leur fonction. C'est ainsi que Michel veut dire : "Qui est semblable à Dieu ?", Gabriel : "Force de Dieu", Raphaël : "Dieu guérit" ».[1]

Le nom d'« ange » se réfère à une des principales fonctions de ces esprits célestes : ce sont des envoyés, des messagers, des ambassadeurs, des « esprits chargés d'un ministère » comme écrit l'auteur de la Lettre aux Hébreux (1, 14). C'est d'ailleurs à cause de ce rôle d'ambassadeurs de Dieu que la Bible leur

1. Saint Grégoire le Grand, hom. 34, 8-9, PL 76, 1250-1251.

donne le plus souvent le nom d'« ange » : un ange apparaît à Agar en lui ordonnant de retourner vers Saraï (Gn 16, 9) ; c'est un ange qui invite Gédéon à délivrer Israël des Madianites (Jg 6, 14) ; Dieu se sert de ses anges pour instruire les prophètes (Ez 40, 3) ou leur expliquer des visions symboliques (Za 2, 3). L'archange Gabriel annonce à Zacharie qu'il aura un fils béni de Dieu (Lc 1, 13) et à Marie qu'elle sera mère du Sauveur (Lc 1, 31).

- **Connaissons-nous le nom des anges ?**

Si Dieu « compte le nombre des étoiles et appelle chacune par son nom » (Ps 146, 4), il connaît d'autant mieux ses anges qu'il les appelle un par un. Les anges se présentent à nous comme des ambassadeurs de Dieu, mais quand on veut s'intéresser trop à eux-mêmes, ils nous renvoient dans le mystère... Nous en avons un exemple dans le livre des Juges. Lorsque Manoha demande à l'Ange de Yahvé de lui révéler son nom, ce dernier répondra laconiquement : « Pourquoi me demandes-tu mon nom ? Il est merveilleux » (Jg 13, 17-18), c'est-à-dire : indicible ! Nous connaissons le nom de quelques anges que la sainte Écriture a bien voulu nous révéler : Michel, Raphaël, Gabriel ainsi que différents noms d'anges déchus tel que Lucifer (Is 14, 12-15) qui est le chef des anges rebelles.[2]

---

2. L'ange Uriel n'est pas cité par la Bible, mais par les livres juifs.

• Qu'en est-il des noms d'anges qui ne sont pas révélés par la Bible ?

D'autres noms d'anges nous sont communiqués, non pas par la Bible, mais par des écrits apocryphes[3] juifs : « Uriel », par exemple, est cité dans le livre d'Hénoch et les archanges « Barachiel », « Jehudiel » et « Zeadkiel » sont nommés dans des récits rabbiniques[4]. Ces noms d'anges ne font pas partie du canon des Écritures et ne doivent pas être invoqués dans les prières, comme l'affirme le pape Zaccaria lors d'un synode diocésain en 745. En 789, à une époque où la dévotion aux anges fait rage, le Concile d'Aix-la-Chapelle interdit d'en composer des listes[5]. Peu après, une norme capitulaire de Charlemagne interdisait d'introduire des noms d'anges dans le culte liturgique en dehors de ceux des archanges Michel, Raphaël et Gabriel[6]. Le Directoire sur la piété populaire et la liturgie (2001) maintient cette ligne en affirmant : « Il faut aussi réprouver l'usage de donner aux anges des noms particuliers, que la

---

3. Les écrits apocryphes sont des écrits religieux d'origine juive ou chrétienne qui ressemblent à ceux de la Bible mais n'ont pas été accueillis dans le canon des Écritures.
4. Cf. Gérard A.-M., *op. cit.*, p. 99, col. 1.
5. Cf. Guetny J.-P., *op. cit.*, p. 39.
6. Cf. Del Ton G., *Verità sugli angeli e sugli arcangeli*, Éd. Giardini, Pisa, 1995, p. 17.

Sainte Écriture ignore, hormis ceux de Michel, Gabriel et Raphaël[7]. »

- **Est-il bon de vouloir connaître les noms des anges ?**

Les hommes ont toujours cherché à connaître le nom des anges, par curiosité ou pour des fins moins avouables, telle que la connaissance pour la connaissance (gnose) ou la volonté d'exercer une emprise sur eux afin de les asservir (magie). Les anges ne sont nullement les laquais des hommes : les esprits célestes, bien plus élevés que nous par nature, n'obéissent qu'à Dieu, leur unique maître et souverain Seigneur. Les sites d'Internet qui vous proposent de « connaître » le nom de votre ange gardien relèvent du folklore, voire de l'escroquerie. En feuilletant certains livres sur les anges il m'est arrivé de découvrir des listes complètes de noms avec prières, miracles ou guérisons spécifiques opérés par chacun d'eux. Parmi les anges cités, on y trouvait les archanges Michel, Raphaël et Gabriel, mélangés avec d'autres « anges » provenant de religions orientales, de la mythologie assyrio-babylonienne, de diverses traditions (notamment juive), ainsi que des noms farfelus et des noms de démons…

---

7. Cf. Congrégation pour le Culte divin et la discipline des Sacrements, *Directoire sur la piété populaire et la liturgie, Principes et orientations*, n. 217, éd. Téqui, Paris, 2001, p. 182.

Avant d'acheter un quelconque livre sur les anges, il serait sage de se faire conseiller ou de le se procurer dans une librairie catholique.

CHAPITRE IV

La création des anges

• Les anges sont-ils aussi des créatures de Dieu ?

Oui, les anges sont créés par Dieu et font donc partie intégrante de la création. Les Saintes Écritures l'affirment, implicitement du moins, dans un psaume où les anges sont invités avec les autres créatures à louer Dieu (Ps 148, 1-6), dans un passage du Décalogue : « Yahvé a fait le ciel, la terre, la mer et tout ce qu'ils contiennent » (Ex 20, 11) et puis, explicitement, dans l'Épître aux Colossiens où il est question de la primauté du Christ. C'est pour affirmer que le Christ par sa divinité même domine toute créature aussi parfaite qu'elle puisse être que l'apôtre Paul écrit : « Car c'est en lui qu'ont été créées toutes choses, dans les cieux et sur la terre, les visibles et les invisibles, les Trônes, les Souverainetés, les Principautés, les Puissances ; tout a été créé par lui et pour lui. Il est avant toutes choses et tout subsiste en lui » (Col 1, 16-17). Ce magnifique texte montre clairement l'intention de son auteur : Saint Paul veut affirmer que le

Christ a la primauté absolue sur tout être spirituel et que tout être spirituel a été créé dans le Christ. Dès le premier instant de leur existence, les anges ont donc une relation personnelle avec Celui qui est leur maître et Seigneur.

- **La création des anges ne pourrait-elle pas offusquer la primauté du Christ sur la création ?**

Non, bien au contraire ! Loin d'offusquer la primauté du Christ sur l'univers, l'existence des anges la renforce et proclame son incommensurable grandeur et son extension à tout le cosmos. La création du monde invisible uni au monde visible célèbre la perfection de l'univers créé et reconnaît que le Christ est centre et sommet de l'entière création.

Selon Saint Irénée (140-202), les anges font partie la création, œuvre d'amour et de gratuité du Père, et dépendent du Fils pour tout ce que le Père veut leur révéler : « Si le Créateur, par lui-même, librement et de sa propre initiative, a fait et ordonné toutes choses et si sa seule volonté est la matière dont il a tout tiré, alors Celui qui a fait toutes choses se trouve être le seul Dieu, le seul Tout-Puissant et le seul Père. Il a créé et a fait toutes choses, visibles et invisibles, sensibles et intelligibles, célestes et terrestres, par le Verbe de sa puissance et il a ordonné toutes choses par sa Sagesse ; il contient tout et, seul, ne peut être contenu par quoi que ce soit. […] C'est lui le Père de Notre Seigneur Jésus-Christ ; par son Verbe, qui est son Fils, il est révélé et manifesté à tous ceux à qui il est révélé ; [...] et comme le Fils est toujours avec le Père, depuis le commencement, il ne cesse de révéler le Père aux Anges, aux Archanges, aux Puissances, aux Vertus et à tous ceux à qui Dieu veux se révéler[1]. »

• Quand ont-ils été créés ?

La Révélation ne nous le dit pas et donc, nous ne pouvons qu'avancer des suppositions. Dans le livre de Job (Jb 38, 7) nous trouvons des expressions qui font penser que les anges apparaissent joyeux et pleins de vie bien avant que Dieu crée l'univers. Et le livre des *Jubilés*[2] affirme que Seigneur aurait créé les anges au premier jour de la création. Pour Saint Augustin, les anges appartiennent à la création du « premier jour » lorsque Dieu créa la lumière : « S'il est juste de comprendre par cette lumière la création des anges, ils ont été assurément créés comme participant de cette lumière éternelle, c'est-à-dire la sagesse immuable de Dieu, créatrice de toutes choses, et que nous appelons le Fils unique de Dieu. Illuminés de cette lumière qui les a créés, ils ont été faits lumière et appelés "jour", à cause de leur participation à la lumière et au jour immuable, le Verbe de Dieu, par qui toutes choses et eux-mêmes ont été créés[3]. » Selon Saint Ambroise,

---

1. Irénée de Lyon, *Adversus haereses*, II, 30, 6-9.
2. Les *Jubilés* sont des textes apocryphes juifs.
3. Augustin, *De Civ. Dei*, XI, 9 : PL 41, 325

la création des anges aurait eu lieu avant le cosmos et avant l'homme[4], tandis que Saint Augustin et Saint Grégoire le Grand se limitent à dire que les anges furent créés immédiatement après la création du ciel et de la terre.[5] Plus près de nous, le Cardinal Charles Journet écrivait au sujet de la création des anges : « Au commencement, avant l'apparition de l'homme, avant que notre univers fût habitable, ils ont été par Lui suscités du néant[6]. » Tous s'accordent donc à dire que le monde angélique a été créé avant l'homme, ce qui semble cohérent et en harmonie avec le texte de la Genèse où il est question des Chérubins que Dieu plaça comme sentinelles à la porte du jardin d'Éden (Gn 3, 24).

- **Dieu a-t-il créé chaque ange individuellement ?**

Oui, chaque ange est unique et original. Dieu a créé des myriades et des myriades d'anges, mais il n'en a pas créé deux semblables. Cette extraordinaire variété à l'intérieur d'un si grand nombre d'esprits célestes témoigne de la perfection et de la beauté de la création. Saint Ambroise dit que les anges se distinguent

---

4. Ambroise, *Hexaem.*, 1, 5, 19 : EnchP 1316.
5. Augustin, *De Civ. Dei*, 11,9 : PL 41, 325 ; Grégoire le Grand, *Moralia*, 28, 34 : PL 76, 476 D.
6. Cf. Huber G., *Mon ange marchera devant toi*, Éd. Saint-Paul, Versailles, 1994, p. 9.

l'un de l'autre en tant que personnalités pour devenir frère l'un de l'autre. Devant l'immensité de la voûte céleste, où chaque ange a sa place et se différencie de l'autre par sa grâce et par sa lumière, nous pouvons dire dans un cri d'admiration : « Yahvé, notre Seigneur, qu'il est puissant ton nom par toute la terre ! Lui qui redit ta majesté plus haute que les cieux » (Ps 8, 2).

- **Combien sont-ils** ?

Nous ne le savons pas exactement mais dans la Bible et dans les textes liturgiques le nombre des anges nous est toujours représenté comme très important : on parle de « multitudes », de « myriades » (Gn 3, 24 ; He 12, 22 ; Jd 14) d'anges ou d'une « innombrable » armée céleste (Lc 2,13 ; 2, 8-14). D'une manière symbolique, pour indiquer un nombre incalculable, David fait allusion aux anges lorsqu'il dit que « Les équipages de Dieu sont des milliers de myriades » (Ps 67, 18a) et le prophète Daniel raconte que s'étant approché « du trône de l'Ancien des jours, il en vit sortir un fleuve de feu et que mille milliers d'anges le servaient et dix mille millions assistaient en sa présence » (Dn 7, 10). Saint Jean, dans l'Apocalypse, décrit la louange de nombreux anges devant le trône de l'Agneau de Dieu : « Leur nombre était des myriades de myriades et des milliers de milliers » (Ap 5, 11). Au moment de son arrestation pour être condamné et crucifié, Jésus ordonne à Pierre de rengainer son glaive et lui dit : « Penses-tu donc que je ne puis faire appel à mon Père, qui me fournirait sur-le-champ plus de douze légions d'anges ? » (Mt 26, 53.)

Selon les auteurs spirituels, les anges sont si nombreux que personne ne pourra jamais les compter : « Le nombre des esprit célestes, dit Saint Grégoire, est tout ensemble défini et infini ; défini par rapport à Dieu, car il le connaît avec exactitude ; infini par rapport à nous qui sommes incapables de les compter[7]. » Bossuet va dans le même sens lorsqu'il affirme avec l'éloquence qu'on lui connaît : « Comptez si vous pouvez, ou le sable de la mer, ou les étoiles du ciel, tant celles qu'on voit que celles qu'on ne voit pas, et croyez que vous n'avez pas atteint le nombre des anges. Il ne coûte rien à Dieu de multiplier les choses les plus excellentes ; et ce qu'il y a de plus beau, c'est pour ainsi dire, ce qu'il prodigue le plus[8]. » Pour Saint Thomas, le nombre d'anges est en rapport avec la perfection de leur nature : « En effet, Dieu ayant dans la création comme but principal la perfection de l'univers, plus des êtres sont parfaits, plus Dieu les a créés en abondance[9]. » Sainte Angèle de Foligno (1248-1309) qui fut privilégiée de plusieurs visions d'anges qui se prosternaient pour adorer le Christ, raconte la scène sans cacher son émerveillement : « Leur multitude était éblouissante et si parfaitement innombrable, que, si le

---

7. Saint Grégoire le Grand, *Morales sur Job*, livre 17, chapitre 13.
8. Bossuet, *Élévation sur les mystères*, 4e semaine, 1re élévation.
9. *Somme Théologique*, I Qu.50 a. 3.

nombre et la mesure n'étaient pas les lois de la création, j'aurais cru sans nombre et sans mesure la sublime foule que je voyais. Je ne voyais finir cette multitude ni en largeur, ni en longueur, je voyais des foules supérieures à nos chiffres[10]. »

En se fondant sur les indications données par les Écritures et les Pères de l'Église, certains théologiens soutiennent l'hypothèse que le nombre d'anges est tel qu'il dépasserait celui de l'ensemble des hommes qui ont vécu et qui vivront sur la terre jusqu'à la fin des temps.[11]

• Les anges font-ils partie du plan d'amour du Créateur ?

Mais bien sûr ! Saint Grégoire de Nazianze résume parfaitement le mystère de la création en ces mots : « Par bonté infinie et bien qu'il se suffise parfaitement à lui-même, Dieu s'est fait créateur afin de communiquer à ses créatures sa perfection et sa béatitude. » Dieu a créé toutes ses créatures par amour, il leur a donné la liberté et les a appelés à partager sa gloire. Les anges, eux aussi, ont été créés par amour et Dieu a voulu les combler de sa béatitude éternelle.

---

10. Angèle de Foligno, *Le livre des visions et instructions*, éd. Seuil, coll. Sagesses, Paris, 1991, p. 114.
11. Saint Louis de Gonzague, *Méditation sur les saints anges*, in Archivium angelicum, hors commerce, p. 21.

• Dieu a-t-il aussi créé les démons ?

Dieu a créé tous les anges, y compris ceux qui choisiront de s'opposer à Lui. Le Concile de Latran affirme : « Le diable et les autres démons ont été certainement créés par Dieu bons par nature, mais ensuite ils devinrent mauvais par leur volonté[12]. »

• Pourquoi ont-ils été chassés du ciel ?

Pour avoir part au bonheur éternel, une seule condition était imposée aux anges : qu'ils manifestent librement leur fidélité envers Dieu. Mais Lucifer, aveuglé par ses propres qualités d'intelligence et de lumière, chercha à se placer sur un pied d'égalité avec Dieu, oubliant que la perfection angélique dont il était gratifié était un don d'amour. Un nombre considérable d'anges, que Dieu avait créés bons et intelligents, se sont laissé corrompre par leur chef Lucifer. C'est donc leur orgueil qui les a conduits à leur chute définitive en se rebellant contre l'autorité de Dieu. Les démons sont donc des anges qui se sont révoltés contre Dieu. Par leur révolte ils se sont eux-mêmes condamnés à l'enfer éternel, à la privation du bonheur du Ciel.[13]

• Comment cela est-il arrivé ?

C'est une bataille sans merci qui s'est livrée dans le ciel contre les mauvais anges et contre leur chef pour

---

12. Concile du Latran IV, c. I (Denz. 428).
13. Jeanguenin Gilles, *Le Diable existe !*, Salvator, Paris, 2003.

les repousser dans les abîmes. Saint Jean écrit dans son Livre de l'Apocalypse : « Il y eut une bataille dans le ciel : Michel et ses anges combattirent le Dragon. Et le Dragon riposta avec ses anges, mais ils eurent le dessous et furent chassés du ciel. On le jeta donc, l'énorme Dragon, l'antique Serpent, le Diable ou le Satan, comme on l'appelle, le séducteur du monde entier, on le jeta sur la Terre et ses anges furent jetés avec lui » (Ap 12, 7-10).

« Rappelez-vous combien il est vain, périlleux et funeste de se réjouir d'autre chose que du service de Dieu, et considérez quel malheur ce fut pour les anges de se réjouir et de se complaire dans leur beauté et leurs dons naturels, puisque c'est pour cela qu'ils tombèrent, privés de toute beauté, au fond des abîmes. »

Saint Jean de la Croix, *Œuvres spirituelles*, Paris, Le Seuil, 1947. Avis et maximes, « Autres avis et maximes », chapitre VII : *Des Anges, n. 226.*

CHAPITRE V

La hiérarchie céleste selon les Pères de l'Église

« La hiérarchie est ordre, science et action. »

Denys l'Aréopagite, cité par St. Thomas in *Somme Théologique*, I Qu.108 a. 1 ob. 1. : 2.

• Comment est ordonné le monde angélique ?

La conception selon laquelle les anges seraient divisés en catégories distinctes et domineraient les sphères célestes prend sa source dans la tradition apocryphe juive. La Bible ne parle pas de classes ou de hiérarchies parmi les esprits célestes, mais en parcourant les pages de l'Ancien et du Nouveau Testament, nous constatons qu'il existe bien une distinction entre les anges et entre les divers ministères pour lesquels ils sont appelés. En effet, les Séraphins apparaissent en Isaïe (6, 2), les Chérubins en Ezéchiel (1, 14-24 ; 10, 4-22). Saint Paul distingue parmi les créatures spirituelles les

Trônes, les Souverainetés, les Principautés, les Puissances (Col 1, 16), les Vertus (Ep 1, 21) auxquels il ajoute les Archanges (1Th 4, 16).

À partir de la deuxième moitié du IVe siècle on s'accorda sur neuf chœurs angéliques, composés de trois triades :

1er Chœur :

– Les Séraphins : appelés « Brûlants » car ils sont au service de la charité (Is 6, 2-6).

– Les Chérubins : sentinelles de Dieu qui contemplent la vérité (Gn 3, 24 ; Ex 25, 22 ; Ez 10, 1-20).

– Les Trônes : sont élevés jusqu'à recevoir Dieu familièrement en eux-mêmes[1].

2e Chœur :

– Les Souverainetés : qui exercent leur puissance au service des hommes (Ep 1, 21 ; Col 1, 16).

– Les Vertus : donnent force et vigueur pour accomplir les desseins de Dieu (1 Pe 3, 22).

– Les Puissances : donnent les moyens pour lutter contre le mal et pour faire le bien (Ep 1, 21 ; Col 1, 16).

---

1. C'est-à-dire qu'ils deviennent capables de connaître immédiatement en Lui les raisons des choses, ce qui est propre à toute la première hiérarchie : Saint Thomas d'Aquin, *Somme Théologique*, I Qu.108 a. 6 resp.

3e Chœur :

– Les Principautés : qui veillent sur les nations (Rm 8, 38).

– Les Archanges : « Chefs parmi les anges » ils annoncent les plus grands mystères (1 Th 4, 16).

– Les Anges : les messagers de Dieu (He 1, 5-6 ; 13-14).

Cette structure hiérarchique du monde angélique n'apparaît pas dans la Bible : elle est donc le fruit d'une réflexion théologique, presque mathématique, ébauchée par Saint Ephrem († 375) et les Pères de l'Église de Syrie (vers 380), développée par le Pseudo-Denys l'Aréopagite[2] qui vécut vers le VIIe siècle après J.-C. et qui influença de manière décisive le cheminement de la théologie et de la spiritualité du Moyen Âge occidental. Au XIIIe siècle, le dominicain Saint Thomas d'Aquin et le franciscain Duns Scot se distinguent par leur souci de synthèse : saint Thomas, appelé aussi « Docteur angélique », soutient la théorie du Pseudo-Denys sur la hiérarchie des anges, mais il en simplifie la rigoureuse précision. Selon lui, la distinction des anges en hiérarchies ne s'appuie pas

2. Pseudo-Denys : théologien qui vécut probablement entre le VIe et le VIIe siècle et qui tenta de faire une synthèse entre la philosophie de Platon et la foi chrétienne. On dira de lui qu'il fut l'auteur le plus lu des clercs latins du Moyen Age.

tant sur les dons de leur nature spécifique que sur leur degré d'élévation spirituelle et sur ce que Dieu a bien voulu leur révéler de lui-même par la vision béatifique.[3] Les ordres angéliques ne viennent donc pas de la nature mais de la grâce, comme l'affirme Saint Thomas : « Mais la sainteté et la ressemblance avec Dieu, chez les anges, vient de la grâce et non de la nature. La distinction des hiérarchies et des ordres angéliques doit donc être attribuée à la grâce et non à la nature[4]. »

- **Les anges restent-ils toujours dans le même ordre hiérarchique ?**

Oui, bien sûr ! Ce n'est pas parce Jacob a vu en songe une échelle sur laquelle montaient et descendaient les anges qu'il faut penser que les anges gravissent les échelons de la hiérarchie céleste (Gn 28, 12). Les anges ne recherchent pas de promotion, ni de changement d'affectation : ils sont dans la joie parfaite, là où Dieu les a voulus en les créant. Il ne faudrait pas appliquer nos modèles de division catégorielle, de classe, de rang ou de caste au monde angélique, car les anges ne connaissent pas la lutte des classes et ne séquestrent pas leur patron (dans ce cas ce serait Dieu) pour demander une augmentation de salaire ou une meilleure place... Chaque ange participe

---

3. Saint Thomas d'Aquin, *Somme Théologique*, 1, Q. 112, 4.
4. *Ibid.*, I Qu.108 a. 4 ob. 1.

personnellement, et selon l'ordre auquel il appartient, à la vision illuminante de Dieu. Les anges partagent entre eux cette contemplation de la splendeur divine qui se réverbère ensuite sur tout le monde angélique en une parfaite communion d'amour.[5]

- **Cette théorie sur la hiérarchie des anges est-elle recevable aujourd'hui ?**

Tout ce que la pensée patristique et médiévale nous a apporté au sujet de cette *Hierarchia Cœlestis*[6] revêt un intérêt plus historique que théologique : on peut certes y adhérer sans risque, mais cependant, il ne faut pas lui accorder une valeur absolue. Ce n'est pas un dogme. Pour ma part, je préfère prendre une certaine distance avec ces systèmes d'ordres hiérarchiques pour parler de l'univers angélique tel que l'Écriture nous l'a révélé. Dans sa catéchèse sur les anges, le pape Jean-Paul II n'utilise pas le terme de « hiérarchie » mais il décrit les anges comme des êtres personnels et groupés en chœurs : « L'Écriture sainte se réfère aux anges en leur donnant même des noms non seulement personnels (tels les noms propres de Raphaël, Gabriel, Michel), mais aussi "collectifs" (tels les qualificatifs de

---

5. On pourra lire avec profit le magnifique sermon de Baudouin de Forde sur la communion des anges (Voir l'appendice II).
6. C'est le titre de l'Œuvre de Denis l'Aréopagite qui fut introduite en Occident par saint Grégoire le Grand et traduite en latin vers 1860.

Séraphins, Chérubins, Trônes, Puissances, Dominations, Principautés), de même qu'elle applique une distinction entre les Anges et les Archanges. Tout en ayant présent le langage analogique et représentatif du texte sacré, nous pouvons déduire que ces êtres-personnes, quasi regroupés en société, se subdivisent en ordres et degrés, répondant à la mesure de leur perfection et aux charges qui leur sont confiées[7]. »

---

7. Jean-Paul II, A.G., 6 août 1986, *in* Orf 30.

CHAPITRE VI

La nature angélique dans l'enseignement des Pères de l'Église

• Que peut-on dire au sujet de la nature angélique ?

Dans ce chapitre nous aurons l'occasion d'aborder la question de la nature angélique dans ses diverses composantes, mais je commencerai tout de suite par vous en donner une bonne entrée en matière, que j'emprunte à Saint Louis de Gonzague : « Si vous examiner la nature des anges, ils sont les plus dignes ouvrages qu'ait formés la main de Dieu, le grand ouvrier. Ils sont d'une substance spirituelle, incorruptible de nature, et dont la perfection l'emporte sur celle de toute autre créature[1]. » Les esprits sont donc composés de nature simple, essentiellement spirituelle, exempte de toute substance matérielle, aussi microscopique soit-elle.

1. Saint Louis de Gonzague, *Méditation sur les saints anges*, in Archivium angelicum, hors commerce, p. 19.

• **Les anges ont-ils un corps ?**

Non, les purs esprits n'en ont pas, même si au cours des premiers siècles Saint Augustin et presque tous les Pères pensaient que les anges avaient un corps, mais plus subtil que le nôtre, plus pénétrant et plus rapide que le vent[2]. Ceux qui considéraient les anges comme des créatures corporelles tiraient avantage de la manière dont l'Écriture en parle presque partout : l'ange qui apparaît à Abraham, à Moïse, à Josué et à plusieurs autres se manifeste sous l'apparence d'un homme ; les chérubins placés devant la porte du Jardin d'Éden tiennent un glaive ; les deux anges près du tombeau de Jésus apparaissent aux femmes sous les traits de deux hommes en habits éblouissants (Lc 24, 4). Par ces représentations, qui ne sont que quelques exemples glanés dans la Bible, nous comprenons mieux comment est née l'idée de corporéité chez les anges. En 1215, au IVe Concile de Latran (Cap *Firmiter*), le Magistère de l'Église reconnaissait que les anges sont des esprits sans corps, mais cette affirmation n'avait pas pour but de définir la nature des anges, mais plutôt celui de contrer la doctrine des Albigeois sur la création des anges[3].

---

2. Augustin, Ep. Olim 115, nunc 14.
3. *Biblioteca Sanctorum*, p. 1203.

Les esprits n'ont donc pas de corps : « Assumer des corps serait superflu pour les anges, car l'ange n'a pas besoin de corps, puisque sa puissance surpasse toute puissance corporelle[4]. »

> « Il y a donc, parmi les êtres de nature intellectuelle, des substances intellectuelles parfaites qui n'ont pas besoin de puiser leur science dans les choses sensibles, et par conséquent les substances intellectuelles ne sont pas toutes unies à des corps ; certaines existent à l'état séparé : c'est elles que nous appelons les anges. »
>
> Saint Thomas d'Aquin, *Somme Théologique*, I Qu.51 a. 1 resp.

- **Pourquoi la Bible donne-t-elle une forme humaine aux anges ?**

Il est clair que les expressions de la Bible qui donnent un corps aux anges ne sont que symboliques et anthropomorphiques[5], comme le souligne le Pape Jean-Paul II à l'occasion d'une audience générale : « Les anges n'ont pas de corps, même si en des circonstances déterminées ils se manifestent sous forme visible en raison de leur mission en faveur des hommes[6]. » Dans le Nouveau Testament, les anges

---

4. Saint Thomas d'Aquin, *Somme Théologique*, I Qu.51 a. 2.
5. Anthropomorphisme : utilisation, pour parler de Dieu, d'expressions habituellement employées pour parler des hommes.
6. Jean-Paul II, AG, 6 août 1986, ORf 30.

apparaissent au diacre Philippe (Ac 8, 26), à Corneille (Ac 10, 3), aux bergers de Bethléem (Lc 2, 8-20), aux femmes devant le tombeau du Ressuscité, aux apôtres puis à Pierre, pour les délivrer miraculeusement de prison (Ac 5, 19 ; 12, 7-10).

- **Comment les anges se présentent-ils aux hommes ?**

Dans l'Ancien Testament, l'apparition des anges crée stupeur et tremblement : « Un frisson d'épouvante me saisit et remplit tous mes os d'effroi. Un souffle glissa sur ma face, hérissa le poil de ma chair » (Jb 4, 15-16). Voilà comment Job ressent la présence d'un envoyé du ciel. Daniel, quant à lui, n'est pas prêt à oublier sa rencontre avec l'archange Gabriel : « Il s'avança dans le lieu où je me tenais et, comme il approchait, je fus saisis de terreur et tombai face contre terre… Il parlait encore que je m'évanouis, la face contre terre » (Dn 8, 17-18).

Plus proche de nous, maintenant, écoutons le témoignage de chrétiens qui parlent de leur expérience mystique, car ceux qui ont été favorisés d'une vision angélique ont été émerveillés et ravis par la beauté de ces créatures célestes. Lorsque les messagers célestes prennent une apparence humaine pour apparaître aux hommes, ils sont lumineux et se présentent sous les traits d'un enfant ou d'un jeune homme d'une incomparable beauté. Sainte Françoise Romaine (1384-1440) voyait son ange gardien sous les traits d'un enfant de neuf ans, aux yeux et au visage tournés constamment vers le ciel, les mains croisées sur la poitrine, les cheveux tombant sur les épaules en boucles dorées. Il était couvert d'un vêtement blanc comme la neige avec par-dessus, une tunique d'un blanc plus net encore, assorti d'un bleu d'azur et de rouge pourpre. Cette tunique, qui descendait jusqu'aux talons, laissant à découvert de petits pieds dont la propreté restait inaltérée, même au contact de la boue des routes[7]. Sainte Thérèse d'Avila (1515-1582), elle aussi, relate des faits extraordinaires qui mettent en valeur la beauté des anges : « Je voyais près de moi, du côté gauche, un ange sous une forme corporelle. Il est très vrai que je vois les anges ainsi [...] Dans la vision présente, le Seigneur a voulu me montrer l'ange sous cette forme. Il n'était pas grand, mais petit et extrêmement beau ; à son visage enflammé il paraissait être des plus élevés parmi ceux qui semblent tout embrasés d'amour[8]. » Durant une vision survenue le jour la fête de Saint Michel archange, le 29 septembre 1928, la stigmatisée allemande Thérèse Neumann (1898-1962), fut ravie par la vision des anges qui lui apparaissent comme de lumineuses figures d'adolescents, vêtus d'amples robes de lumière

---

7. Cf. Görres, *La mistica divina*, Napoli, 1867.
8. Sainte Thérèse d'Avila, *Vie écrite par elle-même*, c. 28, in *Œuvres complètes de Sainte Thérèse de Jésus*, éd. du Seuil, Paris, 1949, pp. 308-309.

d'un blanc étincelant[9]. On peut dire que la beauté des anges, considérée uniquement dans leur état de nature et indépendamment de celle que la grâce fait rejaillir sur eux, dépasse toutes les beautés de la terre.

La garde-robe des anges

Il n'y a pas de tenue de service ou de mode vestimentaire chez les anges, mais l'habit qu'ils empruntent pour se rendre visibles à nos yeux n'est pas passé inaperçu dans les évangiles :

« Après le jour du sabbat, comme le premier jour de la semaine commençait à poindre, Marie de Magdala et l'autre Marie vinrent visiter le sépulcre. Et voilà qu'il se fit un grand tremblement de terre : l'Ange du Seigneur descendit du ciel et vint rouler la pierre, sur laquelle il s'assit. Il avait l'aspect de l'éclair, et sa robe était blanche comme neige » (Mt 28, 1-3).

« Elles virent un jeune homme, assis à droite, vêtu d'une robe blanche, et elles furent saisies de stupeur » (Mc 16, 5).

« Il advint, comme elles demeuraient perplexes, que deux hommes se tinrent devant elles, en habit éblouissant. Et tandis que, saisies d'effroi, elles tenaient leur visage incliné vers le sol, ils leur dirent : "Pourquoi cherchez-vous le Vivant parmi les morts ? Il n'est pas ici, mais il est ressuscité…" » (Lc 23, 4-6).

« Tout en pleurant elle se pencha vers l'intérieur du tombeau et elle voit deux anges, en vêtements blancs, assis là où avait reposé le corps de Jésus, l'un à la tête et l'autre aux pieds » (Jn 20, 11-12).

---

9. Naber J., *Tagebücher und Aufzeichnungen über Theres Neumann*, Müchen, 1987, p. 74.

- **Pourquoi les anges sont-ils représentés avec des ailes ?**

Ces ailes blanches leur serviraient-elles pour voler dans les airs ? « Si les anges volent, c'est parce qu'ils se prennent eux-mêmes à la légère », disait avec humour Gilbert Keith Chesterton. Ces sublimes créatures plus insaisissables que le vent, plus fulgurantes que l'éclair, ne volent pas, mais se déplacent comme la lumière. Dans l'imagerie populaire on a coutume de représenter les anges avec deux ailes. Cette image a été empruntée à un verset biblique (Is 6, 1-2) qui décrit les séraphins qui entourent le trône de Dieu. Chacun d'eux est paré de six ailes : deux pour se couvrir la face (par peur de voir Dieu), deux pour se couvrir les pieds (euphémisme désignant le sexe), deux pour voler. L'aspect ailé des anges veut souligner leur nature éthérée ou tout simplement, qu'ils sont de purs esprits.

Le *Catéchisme expliqué* de Lasfargues (1932) aborde aussi les problèmes de la gent ailée et en donne cette explication : « Dans l'Écriture Sainte, on parle aussi de la face et des ailes des anges ; ainsi il est dit qu'ils se voilent la face devant Dieu, pour signifier avec quel respect ils adorent la Majesté de Dieu ; il est parlé de leurs ailes pour montrer leur promptitude à exécuter les ordres de Dieu ; c'est aussi pour représenter l'obéissance des anges que le plus souvent sur les images ils sont représentés avec des ailes[10]. »

- **Peut-on donner une connotation spirituelle à ces représentations bibliques ?**

Oui, certainement, essayons de découvrir le symbolisme qu'elles renferment :

– Les ailes des anges signifient non seulement leur agilité, mais aussi la promptitude avec laquelle ils obéissent à Dieu et « volent » à notre secours.

– La couleur blanche de leur vêtement est le symbole de l'exceptionnelle pureté dont sont revêtues ces créatures célestes. La couleur blanche indique la pureté, mais aussi la lumière, la Résurrection, la joie et la fête.

– Leur âge tendre indique la jeunesse et la beauté de ces esprits célestes. Cette perpétuelle jeunesse de la grâce dont Dieu les a comblés est aussi un signe de leur immortalité, car en eux il n'y a ni déclin, ni vieillesse, ni mort.

- **Qu'en est-il du sexe des anges ?**

L'iconographie est riche et fantaisiste dans sa manière de représenter des anges : elle leur donne un visage d'enfant, d'adolescent ou de jeunes gens aux traits tantôt masculins, tantôt féminins. On raconte

---

10. Cf. Couture A., *Les anges et les religions, continuités et ruptures :* http://www.er.uqam.ca/nobel/r14310/Anges/Cadre.html

qu'à l'abbaye de Fiesole (Italie), le peintre Giovanni da San Giovanni (1592-1636) scandalisa les moines en introduisant des anges féminins dans un tableau, en compagnie de la Vierge Marie et du Christ[11]. Mais qu'en est-il au juste du sexe des anges ? Devant certains tableaux de maîtres ou certaines sculptures représentant des angelots tout joufflus et fessus au sexe incertain, on pourrait se poser des questions... Certains rabbins ont prétendu que les anges se différencient par leur sexe, que les uns sont mâles et les autres femelles, que des deux séraphins que Moïse mit sur l'Arche d'Alliance l'un avait la forme d'un homme et l'autre la forme d'une femme[12]. Nous ne parlerons pas ici des diatribes du Moyen Âge sur le sexe des anges, ni des interminables querelles théologiques avec les Byzantins du XVe siècle sur le même sujet.[13] Les Pères du Concile de Nicée II les avait pourtant privés de cet attribut en enseignant que les créatures célestes ne peuvent avoir une portion d'un tout

11. Cf. Baud P., *L'abîme des anges*, éd. Saint Augustin, Saint-Maurice, 2003, p. 223.
12. Cf. Calmet A., *Dissertations sur les anges et les démons* in Archivium angelicum, (hors commerce), 1994, p. 82.
13. Le 29 mai 1453, tandis que les Turcs font le siège de Constantinople et s'apprêtent à dévaster la ville, au palais de l'empereur, les prêtres orthodoxes et les courtisans continuent de se disputer à propos du sexe des anges (d'où l'expression actuelle de *querelles byzantines* pour désigner des disputes disproportionnées par rapport à leur enjeu).

inexistant ; mais il a fallu attendre Saint Thomas d'Aquin et sa nette distinction entre les créatures célestes et celles de la terre, pour mettre fin à des années de débats stérile sur le sexe des anges. Les anges sont des substances purement spirituelles, incorporelles, et donc, entièrement dégagées de la matière. Ils n'ont donc ni corps, ni sexe ; ils ne se reproduisent pas et sont immortels.

- **Pourquoi les anges sont-ils immortels ?**

Si les anges sont spirituels de par leur nature, ils sont aussi incorruptibles et immortels. Quand saint Ambroise dit : « L'ange n'est pas immortel de sa nature, puisque son immortalité est dans la volonté du Créateur[14] », nous devons comprendre que seul Dieu possède l'immortalité par nature et par lui seul, tandis que les anges accèdent à l'immortalité uniquement parce que Dieu le veut. Saint Jean Damascène, lui aussi, enseigne la même chose lorsqu'il affirme : « L'ange est une substance intellectuelle qui reçoit l'immortalité par grâce et non par nature[15]. » Par conséquent, il est certain que « tous les êtres, même les anges, retomberaient dans le néant si Dieu ne les soutenait dans l'être[16]. »

Le Pape Jean-Paul II confirme ce qui vient d'être dit et ajoute : « Leur être purement spirituel implique tout

---

14. Ambroise, *de Fide.*, lib. 3, cap. 2.
15. Citation de Saint Thomas d'Aquin, *Somme Théologique*, I Qu.50 a. 5 ob. 1.
16. Saint Grégoire, cité par Saint Thomas d'Aquin, *Somme Théologique*, I Qu.50 a. 5 ob. 1.

d'abord leur immatérialité et leur immortalité. Les anges n'ont pas de corps, ils ne sont donc pas soumis à la loi de la corruption commune au monde matériel tout entier. Jésus lui-même, se référant à la condition angélique, dira que dans la vie future les ressuscités ne peuvent plus mourir, car ils sont pareils aux anges[17]. »

Dom Maréchaux se sert d'une belle comparaison pour parler de la nature angélique : « Elle est comme le diamant perméable à la Lumière (de Dieu), et en même temps, intraitable à l'acier et à tout dissolvant ; car, là où il n'y a pas de composition de substance, il n'y a pas de dissolution possible[18]. »

> « Je ne sais pas trop en quels termes on peut et doit parler de ces purs esprits, car ils n'ont ni mains, ni pieds, ni figure, ni forme, ni matière ; or l'esprit et la pensée ne peuvent saisir un être qui n'a rien de tout cela ; comment alors pourrait-on parler de ce qu'ils sont ? Nous ne pouvons pas le connaître, et ce n'est pas étonnant, puisque nous ne nous connaissons pas nous-mêmes ; nous ne connaissons pas l'esprit qui nous fait homme, et dont nous recevons tout ce que nous avons de bien ; comment pourrions-nous donc connaître ces esprits supérieurs dont la noblesse est bien au-dessus de tout ce que peut présenter le monde entier ? »
>
> Tauler J., *Sermons*, *Sermon sur les saints anges*, 67, éd. Cerf, Paris, 1991, pp. 543-549.

17. Jean-Paul II, AG, 6 août 1986, Orf 30.
18. Maréchaux B.-M., *Anges et démons*, éd. Bénédictines, Saint-Benoît-du-Sault, 1995, p. 18.

• L'ange ne regrette-t-il pas d'être un esprit sans corps ?

Sûrement pas ! Les anges n'en ont aucune nécessité, aucun désir, car la sublimité que Dieu leur a donnée en les créant dépasse tout ce que l'homme peut imaginer. Les anges sont comblés par la grâce de Dieu et par la perfection de leur nature : qu'envieraient-ils aux hommes ? Saint Bernard dit très justement : « Pourquoi chercherait-il des sens spirituels dans la contemplation des créatures corporelles, puisqu'il les lit sans contradiction, et les entend sans difficulté, dans le livre de vie ? Pourquoi tirerait-il à la sueur de son front, le grain de l'épi, le vin du raisin, l'huile de l'olive, puisqu'il a en main toutes choses en abondance ? Qui voudrait aller mendier son pain chez les autres quand il a chez soi du pain en abondance ? Qui se mettrait en peine de creuser un puits et de chercher de l'eau avec beaucoup de travail dans les entrailles de la terre, quand il a une source vive qui lui en fournit abondamment de très belle et de très claire[19] ? »

• En quoi les anges sont-ils supérieurs aux hommes ?

Mis à part le fait qu'une créature incorporelle n'est aucunement liée au monde matériel et temporel, l'ange est éminemment supérieur à l'homme par son

19. Saint Bernard de Clairvaux, Sermon V.

intelligence. Saint Pierre nous dit que les anges sont supérieurs aux hommes en force et en puissance (2 P 2, 11). La force intellectrice de l'ange, propre à tout pur esprit, dépasse ce que nous pouvons comprendre et imaginer. En face de l'ange, nous n'inspirons que compassion : « Car les pensées des mortels sont timides, et instables nos réflexions ; un corps corruptible, en effet, appesantit l'âme, et cette tente d'argile alourdit l'esprit aux multiples soucis. Aussi avons-nous peine à conjecturer ce qui est sur la terre, et ce qui est à notre portée nous ne le trouvons qu'avec effort, mais ce qui est dans les cieux, qui l'a découvert ? » (Sg 9, 14-16). La connaissance de l'homme est limitée, car elle dépend des sens, et nous savons combien ces derniers peuvent nous tromper. L'esprit céleste, lui, connaît par une intuition immédiate, reçue de Dieu, ce qui vit et subsiste[20]. L'ange est aussi supérieur à l'homme par la connaissance qu'il a de Dieu. Ce sont eux les premiers témoins de la splendeur de Dieu comme l'atteste cette citation de Jésus : « Ils voient constamment la face de mon Père qui est au cieux » (Mt 18, 10b). Rien ne peut altérer leur jouissance de la vision béatifique. Les anges ne connaissent aucune souffrance, aucun regret, aucun retour sur eux-mêmes : ils jouissent donc d'une joie parfaite.

---

20. Saint Thomas d'Aquin, *Somme Théologique*, 1, q. 58, art. 4.

> « La lumière de Dieu illumine l'ange en le pénétrant de sa splendeur et en l'embrasant de son amour, car l'Ange est un pur esprit tout disposé à cette participation divine, mais d'ordinaire elle n'éclaire l'homme que d'une manière obscure, douloureuse et pénible, parce que l'homme est impur et faible, de même que la lumière du soleil n'éclaire des yeux malades qu'en les faisant souffrir. »
>
> Saint Jean de la Croix, *Œuvres spirituelles*,
> Le Seuil, Paris, 1947.
> Avis et maximes, « Autres avis et maximes »,
> chapitre VII : Des Anges, 223.

• Quelle connaissance les anges ont-ils de Dieu et de l'homme ?

Bien que supérieure à celle de l'homme, la connaissance des anges est limitée à leur condition de créatures finies : Dieu seul est l'Infini, l'Absolu, l'Inégalable.[21] Le Pape Jean-Paul II commente : « En tant que créatures de nature spirituelle, les anges sont doués d'intelligence et de volonté libre, comme l'homme, mais à un degré supérieur à lui, même s'ils sont marqués par la limite inhérente à toute créature[22]. » Cyrille de Jérusalem dit très justement que les esprits célestes n'accéderont jamais à la connaissance absolue de Dieu, car les anges, en tant que créatures,

---

21. Souvenons-nous du cri de guerre poussé par l'Archange Michel en terrassant le Dragon : *« Qui est semblable à Dieu » ?*
22. Jean-Paul II, AG, 6 août 1986, Orf 30.

sont limités : « Les anges ne voient pas Dieu tel qu'il est, mais dans la mesure où ils en sont capables. En effet, c'est Jésus lui-même qui le dit : « Non que personne ait vu le Père, sinon celui qui vient d'auprès de Dieu : celui-là a vu le Père » (Jn 6, 46). Donc, les anges le voient selon leur capacité[23]. » Si les anges ne peuvent pas connaître Dieu dans son Être infini et parfait, ils peuvent accéder à une certaine connaissance de l'homme, sans toutefois pouvoir pénétrer dans l'intimité de son cœur ou connaître son avenir, car ces prérogatives n'appartiennent qu'à Dieu seul.

- **Les anges connaissent-ils les mystères de la grâce ?**

Saint Thomas répond affirmativement : « Il semble que les anges connaissent les mystères de la grâce. Car, entre les mystères, le plus éminent est celui de l'Incarnation. Or les anges l'ont connu dès le commencement. » Saint Augustin dit en effet : « Ce mystère a été caché en Dieu pendant tous les siècles, mais non sans être connu des principautés et des puissances célestes. » Saint Paul dit aussi : « Ce grand mystère de la piété est apparu aux anges » (1 Tm 3,16). Saint Thomas donne alors sa conclusion : « Les raisons de tous les mystères de la grâce sont contenues dans la

---

23. Cyrille de Jérusalem, Catéchèse pour la préparation au baptême, 6, 6.

sagesse divine. Or, les anges voient la sagesse même de Dieu, qui est son essence. Ils connaissent donc les mystères de la grâce[24]. »

• Que savons-nous de l'intelligence des anges ?

Saint Thomas reconnaît certaine perfection de l'intelligence de l'ange, mais celle-ci ne peut être dite « parfaite » car la perfection n'est qu'en Dieu seul : « L'intellect angélique est sans défaut, si le mot "défaut" est entendu au sens de privation, comme si l'ange manquait de ce qu'il doit avoir. Mais si ce mot est pris comme une négation, toute créature, comparée à Dieu, est en défaut, n'ayant pas l'excellence que l'on trouve en Dieu[25]. » Au cours d'une audience, le Pape Jean-Paul II a parlé très clairement de l'intelligence et de la liberté des anges « qui sont appelés dès le début, en vertu de leur intelligence, à connaître la vérité et à aimer le bien qu'ils connaissent dans la vérité, d'une manière beaucoup plus totale et parfaite qu'il n'est possible à l'homme[26]. » Dieu, en créant les anges, a donc voulu leur donner une extraordinaire beauté, liberté, volonté et intelligence, car eux aussi ont été créés à « l'image et ressemblance de Dieu ». Saint Bernard affirme que « l'esprit angélique n'a pas

---

25. Saint Thomas d'Aquin, *Somme Théologique*, I Qu.57 a. 5 ob. 1 : 1 ; voir aussi I Qu.57 a. 5 ob. 1. : 2.
26. *Ibid.*, I Qu.12 a. 4 ad 1. : 2.
27. *Id.*, AG, 23 juillet 1986, ORf 31.

besoin du secours du corps ni de voir les choses qui tombent sous les sens, car la seule vivacité de sa nature et la proximité de Dieu lui suffisent pour comprendre les choses les plus élevées, et pénétrer les plus secrètes[28] ». Ces purs esprits possèdent donc une intelligence qui, n'étant pas soumise aux images sensibles, accueille spontanément toute lumière que Dieu infuse en eux. Cette lumineuse intelligence ne se fourvoie pas dans l'erreur, ne connaît ni le doute ni l'hésitation, car elle saisit immédiatement ce que Dieu veut et connaît les moyens pour y parvenir. Saint Louis de Gonzague va dans le même sens lorsqu'il affirme que les anges « sont doués d'une telle intelligence que, pour ce qui regarde les choses naturelles, ils ne peuvent se trouver ni dans l'erreur, ni dans l'ignorance[29]. »

- **Les anges ont-ils reçu cette extraordinaire élévation spirituelle dès leur création ?**

Oui, sans doute ! Selon la tradition patristique, c'est à l'instant même de leur création que Dieu a donné à ces créatures célestes la grâce, les vertus surnaturelles et l'incomparable élévation spirituelle qui est propre à la nature angélique : « La grâce leur fut donnée en même temps que la nature », affirme Saint Thomas[30]. Dom Maréchaux ajoute : « Il (Dieu)

---

28. Saint Bernard de Clairvaux, Sermon V.
29. Saint Louis de Gonzague, *op. cit.*, p. 19.
30. Saint Thomas d'Aquin, *Somme Théologique*, I, q. 62, a. 3, ad 3.

déposa en eux cette semence de béatitude. Il les mit en relation d'amitié avec lui-même. Ce que fut l'infusion de la grâce en ces purs esprits, il est impossible même de le concevoir[31]. » Se référant à cette infusion de vie surnaturelle, Saint Augustin dit des anges : « Aussitôt faits, ils furent faits lumière[32]. » On pourrait aussi prêter aux saints anges les paroles que Yahvé adressa au roi de Tyr avant sa chute : « Tu étais un modèle de perfection, plein de sagesse, merveilleux de beauté, tu étais en Éden, au jardin de Dieu. [...] Tout cela fut préparé au jour de ta création. [...] J'avais fait de toi le chérubin étincelant, le protecteur, tu étais assis sur la sainte montagne de Dieu, tu marchais au milieu des charbons ardents. Ta conduite fut exemplaire depuis le jour de ta création... » (Ez 28, 11-15).

- **Les anges sont-ils « saints » ?**

La « sainteté » des anges ne provient pas de leur nature, mais uniquement de la grâce que Dieu veut bien leur donner. Saint Basile (329-379), qui veut nous rappeler qu'il n'y a pas de sainteté sans don de l'Esprit, dira que les créatures spirituelles sont « saintes » et qu'« elles le sont vraiment, parce que sanctifiées par la grâce que l'Esprit-Saint a répandue sur elles. Or, la perfection des anges, c'est leur sainteté et leur permanence en cet état[33]. »

---

31. Maréchaux B.-M., *op. cit.*, p. 26.
32. *Ibid.*
33. Saint Basile de Césarée, *Traité du Saint-Esprit*, XVI.

• **Sont-ils sanctifiés dès leur création ?**

C'est l'Esprit-Saint qui est origine et achèvement de toute sanctification. Les anges ont donc reçu la grâce sanctifiante dans l'acte qui les crée, selon l'affirmation même de Saint Basile : « Ainsi, dans l'acte même qui les crée, le Saint-Esprit est-il présent aux êtres dont la perfection ne provient point d'un progrès, mais qui sont tout de suite parfaits dès leur création même : il est là pour donner son plein achèvement à leur substance en leur infusant sa grâce[34]. »

• **Si les anges ont reçu cette sainteté, pourquoi les mauvais anges existent-ils ?**

La sainteté des anges n'est pas la sainteté d'esprits créés infaillibles : ces purs esprits sont des créatures et comme telles, ils sont limités et faillibles au point même d'avoir pu pécher contre Dieu. Les anges ont dû se déterminer par rapport à Dieu, dans un choix libre de leur volonté, comme l'explique J.-M. Garrigues : « Leur sainteté est une sainteté de grâce, elle a été atteinte par un acte libre où ils se sont déterminés, dans la foi, l'espérance et la charité par rapport à Dieu dont le mystère trinitaire leur demeurait inconnu[35]. » Les bons anges qui sont restés unis à Dieu dans la charité sont pour toujours avec lui et le contemplent

35. *Ibid.*

35. Garrigues J.-M., *Le monde invisible des anges et leur mission dans le plan de Dieu*, Coll. Vie Spirituelle, éd. de l'Emmanuel, Paris, 2004, p. 26.

dans la béatitude du ciel, tandis que les autres, les démons, en refusant Dieu, se sont condamnés à la perdition éternelle. » Mais retournons à nos bons anges à présent.

• Comment s'exerce la volonté de l'ange ?

La volonté de l'ange suit l'intelligence et entraîne l'esprit vers l'objet dont la beauté lui est révélée. Cette volonté angélique, dégagée de l'attrait des biens matériels, est totalement libre et s'exprime par une grande perfection d'amour, qui est elle-même puisée dans la contemplation de Dieu : l'ange, donc, n'hésite pas, ne doute pas, ne retourne pas en arrière, car il sait très clairement ce qu'il doit faire et le fait avec détermination. La volonté angélique, orientée vers le bien, recherche toujours Dieu, qui est le Bien absolu. Cette puissance de volonté est absolue et n'est pas entravée par l'ignorance, la faiblesse de caractère et l'instabilité, qui sont caractéristiques du comportement humain.

• Comment les anges communiquent-ils ?

Les anges ne parlent pas à la manière des hommes : n'ayant pas de corps matériel, ces purs esprits communiquent entre eux au moyen de leur intelligence[36]. Dieu seul est tout-puissant et n'a pas

---

36. Autre différence entre les anges et nous : eux n'ont pas de langue mais communiquent par leur intelligence, nous, nous avons la langue, mais souvent c'est l'intelligence qui nous fait défaut !

besoin d'être illuminé par d'autres. Les anges ne savent pas tout : ils reçoivent leurs informations de Dieu et les communiquent entre eux ou aux hommes[37]. Saint Grégoire le Grand dit que Dieu parle aux anges en leur découvrant ce qui est caché en lui et leur inspirant une forte et douce inclination à exécuter ce qu'il demande d'eux, et que les anges parlent à Dieu lorsqu'en contemplant sa grandeur et sa majesté ils sont ravis d'admiration en sa présence[38].

Saint Thomas affirme que « la langue des anges est une métaphore pour signifier la puissance qu'ils ont de manifester leur pensée[39] ». Le langage angélique est une parole *intérieure* qui résulte de la volonté et de l'intelligence de l'ange. Cette opération intellectuelle de l'ange fait totalement abstraction du lieu et du temps : aussi, dès qu'il veut manifester sa pensée à un autre ange, celui-ci la connaît-il aussitôt.[40]

- **Les anges parlent-ils à Dieu ?**

Saint Thomas fait cette belle distinction : « S'il s'agit du langage par lequel les anges louent Dieu et l'admirent, on peut dire que les anges parlent sans cesse à Dieu. Mais s'il s'agit de consulter la sagesse

37. Par exemple, l'Écriture dit que les anges ne connaissent pas la date ni l'heure du retour du Christ à la fin des temps (Mc 13, 32).
38. Gregor. Magn., moral. Lib. 2, cap. 5.
39. Saint Thomas d'Aquin, *Somme Théologique*, I Qu.107 a. 1 ad 1. : 2.
40. *Ibid.*, I Qu.107 a. 1 ad 1. : Solution 1.

divine pour savoir ce qu'il faut faire, de ce point de vue les anges ne parlent à Dieu que lorsqu'une œuvre nouvelle se présente à réaliser, sur laquelle ils désirent être éclairés[41]. » C'est Saint Grégoire qui nous ravit par cette belle affirmation : « Les anges parlent à Dieu quand, par un regard dirigé au-dessus d'eux-mêmes, ils s'élèvent en des transports d'admiration[42]. »

- **Et Dieu, comment communique-t-il avec les anges ?**

Dieu ne parle pas comme nous avec des paroles mais il communique avec les anges en les illuminant. Saint Grégoire écrit : « Dieu parle aux anges par le fait même qu'il dévoile à leurs cœurs les secrets cachés et invisibles. » Et Saint Thomas commente : « Or parler ainsi, c'est illuminer. Donc toute parole divine est une illumination. Au même titre, toute parole angélique est une illumination[45]. »

- **Les anges peuvent-ils être dans plusieurs lieux à la fois ?**

Oui, répond Saint Augustin, « l'ange peut être dans plusieurs lieux à la fois », car les esprits incorporels ne sont pas limités par le temps et l'espace[44].

---

41. *Ibid.*, I Qu.107 a. 3 ad 1. : 2.
42. *Ibid.*, I Qu.107 a. 3 resp.
43. *Ibid.*, I Qu.107 a. 2 ob. 2. : 3.
44. *Ibid.*, I Qu.52 a. 2 ob. 1.

Saint Thomas complète cette affirmation en disant : « Si l'on dit que l'ange est dans un lieu corporel, c'est parce que sa puissance s'applique d'une certaine manière à ce lieu[45]. » D'après Saint Jean Damascène « l'ange est là où il agit » ; or, il lui arrive d'agir en plusieurs lieux à la fois[46]. Le Docteur Angélique veut faire comprendre que si l'ange a cette extraordinaire capacité d'agir en plusieurs endroits à la fois, son action reste toutefois limitée face à la puissance de Dieu qui s'exerce sur tout et partout : « Dieu n'est pas seulement en plusieurs lieux, mais partout. La puissance de l'ange, au contraire, parce que limitée, ne s'étend pas à tout, mais à une seule chose déterminée[47]. » Étant donné que les esprits incorporels ne remplissent pas de lieu, les anges peuvent donc être aussi à plusieurs dans le même endroit.

45. *Ibid.*, I Qu.52 a. 1 resp.
46. *Ibid.*, I Qu.52 a. 2 ob. 2. : 3.
47. Saint Thomas d'Aquin, *Somme Théologique*, I Qu.52 a. 2 resp.

CHAPITRE VII

Les archanges

• D'où vient le mot « archange » ?

« Archange » est tiré du grec *« arkhê »* (commandement) et *« angelos »* (messager) dont nous avons fait « ange » et signifie « chef parmi les anges[1] ».

• Qui sont-ils ?

La Sainte Écriture révèle le nom de trois anges – les seuls dont nous connaissons les noms – qui revêtent chacun leur signification particulière : ces trois archanges se nomment *Michel* (qui signifie : *Qui est semblable à Dieu ?)*, *Gabriel (Homme de Dieu ou Dieu s'est montré fort)* et *Raphaël (Dieu a guéri ou Médecine de Dieu)*. Le premier d'entre eux, est l'archange Saint Michel. Parce qu'il s'est montré le plus ardent et le premier à lutter pour l'honneur de Dieu, il a été placé à la tête de toutes les armées célestes. C'est pour cela que l'Église lui donne ce titre : « Præpositus paradisi quem honorificant angelorum cives ! » c'est-à-dire, « le

---

1. Gérard A.-M., *op. cit.*, col. 2, p. 98.

premier placé dans le ciel qui est honoré de tous les autres anges ». Michel est aussi vénéré du titre de *Prince des anges*.

- **Qui est Saint Michel ?**

En hébreu son nom se dit Mik e' El et signifie : « Qui est semblable à Dieu ? » Ce fut le cri de guerre avec lequel il vainquit Lucifer et les anges rebelles. Et il réunit sous son étendard tous les anges fidèles. Le nom des anges coïncide, dans le langage biblique, avec leur être et leur mission. Le nom même de Michel est donc une protestation de fidélité et d'humilité, un cri d'amour, un choix inconditionnel pour le service de Dieu (Ap 12, 7-9). Michel était déjà considéré par les Hébreux comme le prince des anges, protecteur et défenseur du peuple élu, représentant de l'assistance divine puissante à l'égard d'Israël (Dan 10, 21 ; 12, 1). Un ange du Seigneur s'oppose à Satan et, pour cette raison, reçoit le nom de Michel (Zac 3, 1-2).

- **Comment savons-nous qu'il est le chef des armées célestes ?**

Nous le savons car la Sainte Écriture l'affirme clairement à plusieurs reprises :

– Il est appelé « un des premiers chefs » car il est toujours attentif à porter secours et à s'opposer aux adversaires de Dieu et des saints (Dn 10, 13).

– Il est appelé « votre chef », parce qu'il est un exemple de persévérance dans la fidélité et dans la lutte contre les ennemis de Dieu (Dn 10, 21).

– Il est appelé « le grand chef » ; il est le défenseur des enfants du peuple d'Israël (Dn 12, 1).

– Il est appelé « Michel l'archange » ; il est présenté comme le « chef des anges » et comme un chargé de mission obéissant et dépendant de la volonté divine (Jd 9).

– « Michel et ses anges » ; il est le chef des armées qui font la guerre à Satan, le grand dragon, et à ses démons (Ap. 12, 7).

- **À quels titres Saint Michel est-il invoqué par les chrétiens ?**

Pour les chrétiens, saint Michel est vénéré avant tout comme le plus puissant défenseur contre le démon. Pour cette raison l'iconographie, tant orientale qu'occidentale, le représente comme un guerrier qui, avec l'épée ou la lance, frappe à mort le dragon sous ses pieds.

Depuis des siècles, le patronage de l'Archange est invoqué non seulement par ceux qui luttent sur la terre, mais aussi par ceux qui se préparent à la mort. Une ancienne invocation l'atteste : « Saint Michel, défends-nous dans le combat afin que nous ne périssions pas au jour du terrible jugement. » La tradition attribue aussi à saint Michel la tâche de peser les âmes des défunts. En plus de l'épée, l'iconographie place dans sa main la balance de la justice divine. Saint Michel accompagne donc les âmes qui quittent ce monde. Et tous ceux qui l'auront vénéré sur la terre pourront compter sur sa puissante intercession lorsque le Seigneur les rappellera à Lui.

Saint Michel est aussi le protecteur de l'Église universelle, le patron des radiologues, des parachutistes et des escrimeurs[2].

• **Qui est l'archange Gabriel ?**

Son nom signifie : « Homme de Dieu ou Dieu s'est montré fort. » Gabriel est l'ange de la Bonne Nouvelle : Dieu l'a choisi pour être envoyé à la Vierge Marie pour lui annoncer le grand mystère de l'Incarnation du Fils de Dieu (Lc 1, 26-38). Mais bien avant cela, Gabriel apparaît au prophète Daniel et manifeste ainsi la mission qu'il exercera par la suite, celle de messager des révélations divines. L'archange Gabriel apparaît à Daniel sous les traits d'un jeune « homme vêtu de lin, les reins ceints d'or pur, son corps avait l'apparence de la chrysolithe, son visage, l'aspect de l'éclair, ses yeux, comme des lampes de feu, ses bras et ses jambes comme l'éclat du bronze poli, le son de ses paroles comme la rumeur d'une multitude » (Dan 10, 5-6). Le prophète défaillit et tomba la face contre terre, mais l'ange le releva, le rassura en lui

---

2. Jeanguenin G., *Le prince des anges Saint Michel*, éd. Téqui, Paris, 2002.

disant : « Tes paroles ont été entendues et c'est à cause de tes paroles que je suis venu » (Dan 10, 12). Gabriel est aussi chargé d'expliquer la vision (Dan 8, 1-26) et la prophétie à Daniel (Dan 9, 20-27). C'est aussi lui qui annoncera au prêtre Zacharie la prochaine naissance d'un fils, qui sera Jean Baptiste, le précurseur du Seigneur (Lc 1, 11-20).

- **Comment est-il représenté ?**

L'iconographie byzantine, qui répond à des règles très précises, dépeint l'ange de l'Annonciation toujours dans la même pose : Gabriel se tient debout devant la Vierge Marie, portant de riches vêtements, et des ailes lui sont généreusement fournies. Dans une main, il tient un bâton, qui est le symbole de l'autorité de l'ambassadeur divin. Dans les représentations plus récentes, et dans l'art italien en particulier, le bâton d'ambassadeur que l'ange Gabriel tenait dans sa main est devenu un lys, symbole de la pureté, puis il ploie le genou devant Celle qui est la pureté même, la Vierge Marie.

- **De qui l'archange Gabriel est-il le protecteur ?**

L'archange Gabriel est le saint patron des télécommunications civiles et militaires. Ambassadeur de Dieu auprès de la Vierge Marie, il est aussi le saint patron des diplomates, des facteurs et des personnels de radio et de télévision.

• **Qui est l'archange Raphaël ?**

Son nom signifie « Dieu a guéri ». Selon le Livre de Tobie, l'archange Raphaël se présenta au jeune Tobie sous le nom d'emprunt d'Azarias et se proposa de l'accompagner au pays des Mèdes pour qu'il puisse récupérer une somme d'argent que son père avait prêtée à un certain Gabaël, habitant de la ville de Rhagès (Tb 4, 5) Tout au long du chemin, l'ange guide le jeune homme et lui prodigue des conseils : il le protège contre un poisson monstrueux qui sortait de l'eau pour le dévorer (Tb 6) et l'invite à s'arrêter chez Ragouël et à demander la main de la fille de son hôte, Sara, pour déjouer les maléfices du démon Asmodée (Tb 7). De retour au pays, Raphaël enseigne à Tobie la façon de guérir la cécité de son père en prenant la bile du poisson et en l'appliquant sur les yeux. Le père de Tobie fut ainsi instantanément guéri (Tb 10). L'ange refuse la récompense qu'on veut lui offrir, explique qu'il présente à Dieu la prière des hommes et révèle son nom : « Je suis Raphaël, l'un des sept anges qui se tiennent toujours prêts à pénétrer auprès de la Gloire du Seigneur » (Tb 11, 15). Ils furent tous remplis d'effroi et se prosternèrent, tandis que l'ange, après leur avoir donné la paix, retourna vers « Celui qui l'avait envoyé » (Tb 11, 20).

- **Raphaël est-il un compagnon de route pour nous ?**

Bien sûr ! C'est l'image qu'emploie Saint Thomas d'Aquin pour nous parler de la compagnie de l'ange : « L'homme, durant cette vie terrestre, est établi comme sur une route pour atteindre la patrie. Sur cette route de nombreux périls le menacent, du dedans et du dehors, selon le Psaume (Ps 142, 4) : « Sur la route où je marchais, ils m'ont tendu un piège. » Et c'est pourquoi, comme on donne une garde aux hommes qui parcourent une route peu sûre, ainsi tout homme dans l'état de voyageur reçoit la garde d'un ange[3]. » De nombreux saints et voyageurs ont fait l'expérience de l'aide efficace et charitable de l'archange Raphaël. Voici quelques exemples : Saint Jean de Dieu (1495-1550), fondateur d'un hospice qui vit naître l'Ordre des frères hospitaliers, bénéficia dès ses débuts de l'aide de Saint Raphaël. Un jour il lui apparut et lui dit : « Jean, je suis l'archange Raphaël, envoyé par Dieu pour t'assister dans ton charitable labeur. Le Seigneur m'a confié la garde de ta personne et de tous ceux qui, avec toi, serviront la Seigneur. Je tiens un compte fidèle de tes actions et des aumônes qui te sont faites. J'ai pour mission de protéger ceux qui favorisent tes œuvres de charité[4]. »

---

3. Saint Thomas d'Aquin, *Somme Théologique*, I, Q. 113, art. 4, R.
4. Magin I.-M., *Un héros de la charité au XVIe siècle, Saint Jean de Dieu*, éd. Beauchesne, Paris, 1931, pp. 71-72.

Saint Antoine-Marie Claret, (1807-1870) ne pouvait ne passer de son « navigateur » céleste. Dans ses écrits autobiographiques, il raconte que Saint Raphaël et les saints anges l'ont souvent guidé dans ses voyages : ses célestes protecteurs pensaient à lui montrer la route à suivre dès qu'il s'égarait et le défendaient des embuscades tendues par les brigands de grands chemins.

- **De qui est-il le saint Patron ?**

Saint Raphaël en guérissant la cécité du père de Tobie a mérité d'être compté parmi les saints Patrons des médecins et des apothicaires. Les navigateurs et les voyageurs, eux aussi, se réclament de ses bons offices.

> Une pittoresque légende poitevine raconte que l'archange Raphaël révéla à un pieux ermite les propriétés curatives de l'*angélique*, autrefois appelée « archangélique » en son honneur. À en croire les auteurs anciens, cette plante aurait des effets plus que bénéfiques pour la santé, car elle guérit presque tous les maux : « Elle aide à concevoir les femmes réputées trop froides, et fait venir les fleurs aux filles qui tardent trop à les avoir », elle guérit de la peste, de la rage et rendrait même aimables les épouses et les belles-mères acariâtres. On devrait tous conserver un tel médicament dans son armoire à pharmacie !
>
> Bouflet J., *Encyclopédie des phénomènes extraordinaires dans la vie des mystiques*, éd. Le jardin des livres, Paris, 2003, p. 70.

DEUXIÈME PARTIE

LES ANGES, QUE FONT-ILS ?

CHAPITRE I

La mission des anges auprès de Dieu

• Que font les anges dans le ciel ?

Ils doivent bien y faire quelque chose... Mais quoi donc ? Pourraient-ils rester là haut toute l'éternité sans rien faire, comme de doux rêveurs ? Nous sommes tant préoccupés par le bien qu'ils pourraient nous faire, à nous, qui sommes sur la terre, que nous avons oublié que leur mission première consiste à aimer, servir, louer et adorer Dieu.

• Quelle est la première fonction des anges ?

La première fonction des esprits angéliques est l'adoration et la contemplation de Dieu, et ils en donnent l'exemple en apparaissant aux hommes dans l'attitude de la prière et du service de Dieu. L'Écriture nous présente souvent ces esprits bienheureux dans une attitude de louange et d'adoration. Ils se tiennent devant Dieu et l'adorent (Ap 5, 11 ; He 1, 6) et en cercle autour du trône de Dieu, ils acclament : « Amen ! Louange, gloire, sagesse, action de grâces, honneur, puissance et force à notre Dieu, pour les siècles des siècles ! Amen ! » (Ap 7, 11-12). Les anges sont dans un état de bonheur parfait car ils reçoivent constamment l'amour de Dieu en eux. En retour, ils manifestent leur amour pour Dieu par leur adoration, mais aussi par leur fidélité et par la promptitude avec laquelle ils exécutent les ordres divins et prennent soin des hommes qui leur sont confiés. Dans le Psaume 102 il est dit : « Bénissez Yahvé, tous ses anges, héros puissants, qui accomplissez sa Parole, attentifs au son de sa Parole. Bénissez Yahvé, toutes ses armées, serviteurs, ouvriers de son désir » (Ps 102, 20-21).

- **Au ciel, serons-nous avec les anges pour adorer Dieu ?**

Que ferons-nous dans le ciel ? Adorer et louer Dieu, c'est bien, mais après cela ? Est-il possible d'adorer *éternellement* ? C'est la demande que me font certaines personnes qui ont de la peine à « résister » lorsque la célébration de la messe dépasse les trente minutes… Pour les anges et pour les âmes qui jouissent de la vision béatifique, adorer Dieu n'est pas un devoir : c'est partager la vie même de Dieu, source d'un bonheur qui dépasse tout. C'est dans cette communion d'amour inépuisable que les anges et les hommes sont appelés à se rejoindre, un jour, dans la gloire pour chanter ensemble un même hymne de louange. Les anges sont nos frères aînés dans l'histoire du salut : nés avant nous à la nature, à la grâce et à la gloire, ils intercèdent pour nous et nous montrent le chemin de la béatitude éternelle. Leur intercession n'est autre que le reflet du désir qu'a Dieu de nous sauver. Si les anges nous aiment tant et veillent sur nous avec autant de sollicitude, c'est parce que les hommes sont devenus enfants de Dieu, rachetés par le sang du Christ : « Est-ce que tous ne sont pas des esprits chargés d'un ministère, envoyés en service pour ceux qui doivent hériter du salut ? » (He 1, 14). Ces esprits célestes, jouissent donc d'une joie sans fin qu'ils puisent dans la contemplation et l'adoration de Dieu. Nous aussi, comme les anges, nous sommes conviés à partager la joie du Ciel, le bonheur indicible, la communion totale avec Dieu, dans laquelle nous seront comblés au-delà toutes nos espérances.

CHAPITRE II

La mission des anges auprès des hommes

- **Quelle est la mission des anges sur la terre ?**

Les saints anges manifestent leur amour pour Dieu non seulement par leur adoration et leur louange, mais aussi par l'accompagnement et la protection qu'ils assurent auprès des hommes.

Sur la terre, le ministère de ces messagers de Dieu est multiple :

– Ils protègent et délivrent le peuple de Dieu (Gn 19, 11 ; 1 Rs 19, 5 ; Dan 3, 28 ; 6. 22 ; Ac 5, 19 ; 12, 10) ;

– guident et encouragent les serviteurs de Dieu (1 R 19 ; Mt 27, 5-7 ; Ac 8, 26 ; 27, 23) ;

– transmettent des révélations divines comme l'Apocalypse (Ap 1, 1) ;

– interprètent la volonté de Dieu aux hommes (Dan 7, 16 ; 10, 5-11 ; Za 1, 9,19 ; Ap 1, 1) ;

– sont les exécuteurs des jugements de Dieu sur les individus et les nations (2 Th 1, 7-8 ; Gn 19, 12 ; 2 Sm 24, 16 ; Ac 12, 23 ; Ap 7, 1 ; 8 ; 15) ;

– enseignent et révèlent des mystères aux prophètes (Ap 17, 1 Ap 21, 9) ;

– transportent les sauvés au ciel après leur mort (Lc 16, 22) ; accompagneront le Seigneur lorsqu'il reviendra pour juger les nations (Mt 25, 31 ; 13, 30, 39, 41).

Selon les Pères, les anges nous aiment, nous consolent, nous soutiennent et nous fortifient dans l'épreuve : ce sont nos « pédagogues et pasteurs » (Saint Jean Chrysostome et Saint Basile), nos « tuteurs » (Eusèbe de Césarée), « une aide pacifique » (Basile), nos « compagnons de route » (Cyrille d'Alexandrie), les « fidèles gardiens de notre vie » (Germain de Constantinople).

Saint Jean Damascène fait un bon résumé de la mission des anges : « Les anges sont puissants et prêts pour l'accomplissement de la volonté de Dieu. On les trouve aussi doués d'une grande vélocité partout où l'acquiescement de Dieu le leur ordonne ; ils gardent les parties de la Terre ; ils président aux peuples et aux régions, selon qu'ils ont été établis par le Créateur ; ils dirigent nos affaires et nous assistent. Suivant la volonté et la disposition divines ils sont au-dessus de nous et entourent toujours Dieu[1]. »

---

1. Ermoni V., *Saint Jean Damascène*, 2e édition, Paris, Bloud et Gay, 1904, chap. 5 : les anges. (La pensée chrétienne : textes et études).

Tout cela est bien vrai, mais la première mission des anges sur la Terre est de nature spirituelle : elle consiste à aider les hommes à rendre grâce à Dieu pour son amour infini et à vivre en communion avec Lui. C'est vers Dieu que ces « pilotes du ciel » nous conduisent : ils ne se limitent donc pas à assurer notre sécurité routière ou à nous trouver des places libres au parking…

- **Est-ce que chaque pays est protégé par un ange particulier ?**

Selon Origène, Père de l'Église du IIIe siècle, Dieu envoie un ange particulier pour protéger chaque pays et chaque province : « Grande joie, certes, pour ceux à qui était confiée la charge des hommes et des provinces, que le Christ soit venu dans le monde. Grand avantage aussi, pour l'ange qui gouvernait les affaires d'Égypte : la venue du Seigneur permettrait aux Égyptiens de devenir chrétiens. Profit, enfin, pour tous les autres anges qui s'occupaient des différentes provinces, par exemple pour le gardien de la Macédoine, pour le gardien de l'Achaïe et pour ceux des autres régions[2]. » Le savant Origène souligne le rôle d'accompagnateur joué par ces formidables créatures spirituelles dans la vie des hommes en concluant ainsi : « Mais ce qu'on dit de chaque province, il faut,

2. Origène, *Sur Saint Luc*, Homélie 12, 3-4.

à mon avis, le croire également de tous les hommes sans distinction[3]. »

• **Avons-nous tous un ange gardien à nos côtés ?**

C'est Saint Basile qui le premier répond à cette question : « Parmi les anges, les uns sont préposés aux nations, les autres compagnons des fidèles... Que chaque fidèle ait un ange, pour le diriger, comme pédagogue et pasteur, c'est l'enseignement de Moïse » (Gn 48, 16)[4]. L'exclamation de saint Jérôme va dans le même sens : « Oh ! combien grande est donc la dignité de nos âmes, pour que chacun de nous ait, depuis sa naissance, un ange député à sa garde[5] ». Le bienheureux Pape Jean XXIII disait : « En nous en tenant simplement à l'ange que chacun de nous possède, nous sommes sagement attachés à ce qui est garantie et confiance et partant incalculable trésor[6] ». Le Pape Jean-Paul II, le 2 octobre 2002, de la place Saint Pierre de Rome, salua lui aussi ces « célestes protecteurs que la bonté prévoyante de Dieu a placés auprès de chaque personne ». Nous voyons bien par ces quelques citations que l'Église a toujours cru en la présence d'un ange gardien que Dieu a placé auprès de chaque homme et de chaque femme comme signe de son amour et de sa providence envers nous.

---

3. *Ibid.*, 12, 4-5.
4. S. Basile, *Adv. Eun.*, 3, 1 ; P.G. XXIX, 656 A-657A.
5. S. Jérôme, *sur l'Évangile de Saint Matthieu*, 18, 10.
6. Jean XIII, 9 septembre 1962, Orf 38.

CHAPITRE III

Les anges sont au service de l'Église

• Les anges sont-ils présent dans l'Église ?

Oui, les anges sont constamment présents dans l'Église, de telle façon que toute la vie de l'Église bénéficie de l'aide mystérieuse et puissante de ces protecteurs célestes (Ac 5, 18-20 ; Ac 8, 26-29 ; Ac 10, 3-8 ; Ac 12, 6-11 ; Ac 27, 23-25). « Pour ma part, affirme Origène, je n'hésite pas à penser que dans notre assemblée aussi les anges sont présents, puisqu'ils veillent non seulement sur toute l'Église, prise dans son ensemble, mais aussi sur chacun d'entre nous[1]. »

• Est-ce qu'un ange protecteur est attribué à chaque Église particulière, à chaque diocèse ?

L'Église qui, à ses débuts, fut gardée et défendue par le ministère des anges (Ac 5, 17-20 ; 16, 6-11) expérimente la protection mystérieuse et puissante de

---

1. Origène, *Homélie Sur Saint Luc*, 13, 5-6, éd. Le Cerf, Paris, 1962. (SC 87), pp. 212-213.

ces esprits célestes, qu'elle vénère et dont elle sollicite l'intercession. Tout au long des siècles, les chrétiens ont édifié des lieux de culte en l'honneur des saints anges et ont donné leur nom à de nombreuses paroisses et pays. Certainement les anges sauront bien prendre soin de ces derniers, mais peut-on dire que chaque diocèse ou paroisse a reçu un ange gardien attitré pour veiller sur eux ?

Origène ne répond pas à la question mais se borne à souligner le lien étroit qui unit les anges et les hommes dans une commune collaboration au service de l'Église : « Si l'on permet une certaine audace de langage à celui qui suit le sens de l'Écriture, je dirai qu'il y a deux évêques par Église, l'un visible et l'autre invisible, l'un se manifeste aux yeux de la chair, l'autre à l'intelligence. Si un homme a bien accompli la tâche qui lui était confiée, il est loué par le Seigneur ; sinon il tombe sous le coup d'une faute ou d'un vice ; il en va de même pour l'ange. Si donc les anges éprouvent de l'inquiétude pour la manière dont ils gouvernent les Églises, est-il besoin de parler des hommes et de la crainte qui doit être la leur lorsqu'ils doivent atteindre le salut, en travaillant en collaboration avec les anges ? Pour ma part, je pense possible de trouver à la fois un ange et un homme, qui soient de bons évêques de l'Église et qui participent en quelque sorte à eux deux à une œuvre unique. Puisqu'il en est ainsi demandons au Dieu tout-puissant que les évêques des Églises, anges et hommes, nous viennent en aide, et sachons que les uns et les autres seront jugés d'après ce qu'ils auront fait pour nous[2]. »

Saint François de Sales témoigne d'une grande ferveur envers les anges gardiens, envers ceux qui nous sont donnés pour nous accompagner dans notre vie et envers ceux qui protègent les diocèses auxquels nous appartenons : « Rendez-vous fort familiers avec les anges ; voyez-les invisiblement présents à votre vie, et surtout aimez et révérez celui du diocèse dont vous êtes, ceux des personnes avec lesquelles vous vivez, et spécialement le vôtre ; suppliez-les souvent, louez-les ordinairement, et employez leur aide et secours en toutes vos affaires, soit spirituelles, soit temporelles, afin qu'ils coopèrent à vos intentions[3]. »

Le Pape Pie XI, lui aussi, témoignait d'une touchante dévotion envers l'ange que Dieu avait préposé au service de chaque pays et de chaque diocèse. Voici par exemple ce qu'écrit le cardinal Carlo Confalonieri, préfet de la Congrégation pour les évêques, autrefois secrétaire du Pape Pie XI : « Pie XI avait une très grande dévotion envers les anges gardiens. Envers le sien d'abord, puis envers les anges qu'il savait préposés aux charges ecclésiastiques et a ux circonscriptions territoriales. En entrant dans le

---

2. *Ibid.*, 13, 5-6.
3. Saint François de Sales, *Introduction à la vie dévote*, 2e partie, chap. 16.

territoire du diocèse de Milan, dont il avait été nommé archevêque par Benoît XV en 1921, Mgr Ratti s'était agenouillé pour baiser la terre que le Seigneur lui confiait, et il avait invoqué la protection de l'ange du diocèse. Ainsi avait-il fait – dès qu'il en eut la possibilité – à son arrivée en Pologne, comme visiteur apostolique[4]. »

---

4. Confalonieri C., *Pio XI visto da vicino*, Turin, 1957, pp. 308-309.

CHAPITRE IV

Les anges gardiens

• La Bible serait-elle muette au sujet de l'ange gardien ?

Nous savons que Dieu, par amour pour nous, envoie ses anges pour nous guider et pour nous protéger. Mais peut-on parler pour autant d'anges gardiens, au sens d'ange assigné personnellement à chacun de nous ? Il faut dire très honnêtement que le Nouveau Testament ne répond pas directement à cette question, mais il nous donne quelques références très précieuses : « Gardez-vous de mépriser aucun de ces petits : car je vous le dis, leurs anges aux cieux voient constamment la face de mon Père qui est aux cieux » (Mt 18, 10). Par cet avertissement, Jésus nous révèle quelque chose de très important : les petits du Royaume ne sont pas abandonnés à leur faiblesse car les anges veillent sur eux tout en contemplant le visage du Père. Les anges se lient d'amitié avec ces pauvres, avec lesquels ils ont en commun l'humilité et l'amour de Dieu. Le Père des cieux se montre prévenant et plein de tendresse pour celui qui se reconnaît pécheur.

Pour toi, qui souvent trébuches, « il a donné ordre à ses anges de te garder en toutes ses voies. Ils te porteront sur leurs mains pour que ton pied ne heurte les pierres » (Ps 90, 11-12).

- **Qu'enseigne le magistère à propos des anges gardiens ?**

Le chapitre précédent et spécialement le chapitre V de notre ouvrage (p. 167) met en lumière l'enseignement des pontifes romains, lesquels ne cessent de manifester leur attachement et leur confiance envers nos célestes protecteurs. Le Pape Pie XII résume bien l'enseignement immuable de l'Église : « Chacun, aussi humble soit-il, a des anges pour veiller sur lui. Ils sont glorieux, purs, magnifiques, et cependant ils vous ont été donnés comme compagnons de chemin, ils sont chargés de veiller s oigneusement sur vous, pour que vous ne vous écartiez pas du Christ leur Seigneur. Et non seulement ils veulent vous défendre contre les dangers qui vous guettent le long de votre chemin, mais ils se tiennent d'une façon active à votre côté, encourageant vos âmes lorsque vous vous efforcez de monter toujours plus haut vers l'union à Dieu par le Christ[1]. »

1. Pie XII, Allocution du 3 octobre 1958, SA 562.

> « Chaque âme, au moment où elle est introduite dans le corps, est confiée à un ange, qui l'encourage toujours au bien et rapporte toutes ses actions à Dieu. »
>
> Honorius d'Autun († 1151), *Elucidarium*, II, 31

- **Est-il vrai que chacun de nous est confié à un ange gardien dès la naissance ?**

J'ai choisi cette citation d'Honorius car elle résume bien ce que la tradition patristique a toujours enseigné à propos des anges gardiens. Saint Jérôme le confirme par ces paroles : « Si grande est la dignité des âmes que chacune, dès sa naissance, a un ange préposé à sa garde[2]. » L'Église n'a pas cru bon de devoir s'exprimer par une déclaration dogmatique tant la présence des anges gardiens est évidente et incontestée au sein de l'Église.

> « Que tout fidèle, même le plus petit dans l'Église, se dise qu'il est assisté par un ange qui contemple continuellement la face du Père, ainsi que l'atteste le Christ. »
>
> Origène, *De Princ.*, II, 10, 7

- **Si les anges gardiens existent, pourquoi tant d'hommes font le mal ?**

La réponse est simple : il ne suffit pas que les anges gardiens donnent de bonnes inspirations aux

---

2. Saint Jérôme, *Commentaire sur Saint Matthieu*, Paris, Le Cerf, 1979, vol 2, livre 3, chap. 18-10. (SC. 259).

hommes ; il faut encore que ces deniers acceptent humblement d'être guidés et éclairés par leurs bons conseils. C'est la même remarque que fait Saint Thomas : « De même que les hommes s'écartent de leur instinct naturel du bien à cause de la passion pécheresse, de même s'écartent-ils des directives que les bons anges leur donnent invisiblement, en les illuminant pour qu'ils agissent bien. Donc, si les hommes périssent, on ne doit pas l'attribuer à la négligence des anges, mais à la malice des hommes[3]. » Les anges gardiens ne peuvent pas empêcher l'homme de commettre délibérément le mal, mais ils peuvent lui donner la lumière et la force pour ne pas le commettre. Celui qui prie les anges gardiens uniquement dans les moments difficiles et ne leur demande jamais aucune aide spirituelle, ne récoltera que peu de fruits de la dévotion envers les saints anges.

- **Les anges gardiens abandonnent-ils les pécheurs ?**

Non, car les saints anges sont fidèles, constants, présents à tout instant quand bien même nous chercherions à les ignorer : « Les anges gardiens ne nous abandonnent pas, quoique nous abandonnions Dieu », affirmait Saint François de Sales. Saint Pio de Pietrelcina disait la même chose lorsqu'il écrivait à une de ses filles spirituelles : « Combien est consolante

---

3. Saint Thomas d'Aquin, *Somme Théologique*, I, Q. 113, s. 3.

la pensée qu'il y ait un esprit près de nous, qui, du berceau à la tombe, ne nous quitte pas un instant, pas même quand nous osons pécher[4]. » Les anges nous aiment quoi que nous fassions, car leur amour dérive de l'amour de Dieu pour nous. S'ils sont donc fidèles et n'abandonnent pas ceux qui s'écartent de la volonté de Dieu ou même, la refuseraient, ils n'en attendent pas moins un effort de notre part sur le chemin de la conversion car « il naît de la joie devant les anges de Dieu pour un seul pécheur qui se repent » (Lc 15, 10). Si les anges désirent si ardemment la conversion de l'homme, c'est parce que Dieu lui-même ne veut pas la mort du pécheur, mais qu'ils se convertisse et qu'il vive (Ez 33, 11).

- **Quels services les anges gardiens nous rendent-ils ?**

Il nous est impossible d'énumérer tous les services que nous rendent nos anges gardiens. Ils prient pour nous, offrent à Dieu nos bonnes œuvres et nos prières, ils nous inspirent de bons sentiments, nous soutiennent dans l'épreuve, nous préservent du Malin et de bien des dangers et nous assistent au moment du dernier soupir. Combien de périls et de maux ne nous ont-ils pas épargnés grâce à leur charitable assistance ?

---

4. Padre Pio da Pitrelcina, *Epistolario III*, éd. Padre Pio da Pietrelcina, San Giovanni Rotondo, 1994, p. 83.

- **Les anges nous accompagnent-ils dans le cheminement de notre vie spirituelle ?**

Bien entendu ! Les anges, plus soucieux de notre âme que du monde matériel qui nous entoure, sont avant tout nos guides spirituels. Ils sont au service de notre cheminement vers la sainteté et nous soutiennent dans la prière et dans les luttes spirituelles que nous avons à mener tant contre nos mauvais penchants que contre le démon. Désolés de voir les âmes s'abîmer dans le péché ou dans la tiédeur, ils illuminent notre intelligence et notre conscience pour que nous reconnaissions notre besoin de conversion au Christ. Origène, déjà, notait que les esprits célestes aident les âmes à se convertir[5]. Enfin, ils partagent la joie de Dieu lorsqu'un pécheur revient sur ses pas et demande pardon : « C'est ainsi, je vous le dis, qu'il naît de la joie devant les anges de Dieu pour un seul pécheur qui se repent » (Lc 15, 10).

- **Avons-nous des devoirs envers notre ange gardien ?**

Oui, bien sûr ! Il faut, comme dit Saint Bernard, ne pas oublier notre ange gardien et lui rendre « le respect pour sa présence, la dévotion pour sa bienveillance, la confiance pour sa bonne garde[6] ».

---

5. Origène, *Contre Celse*, I. V, 57. PG., II, 1271 C.
6. Saint Bernard, *Sermon XII,* Sur le verset 12 : Sur leurs mains ils te porteront pour que ton pied ne heurte une pierre, in SC, *Sermons sur le Cantique*, 7, 7, pp. 169, 171.

Les auteurs spirituels nous invitent constamment à respecter la présence des anges. Un document du VIe siècle donnait à ce sujet des conseils d'un réalisme saisissant : « Celui qui prie, s'il veut cracher ou éternuer, qu'il veille à ne pas le faire devant lui, mais derrière lui, à cause des anges qui sont devant lui[7] »... Saint François de Sales disait aussi : « Rendez-vous fort familier le commerce de votre âme avec les anges, faisant souvent attention à leur présence[8]. » Ce respect que nous leur devons pour leur présence à nos côtés, n'est autre que le respect que nous manifestons à l'égard de Dieu qui, par amour, nous a donné ces célestes compagnons et amis.

« La dévotion pour sa bienveillance » est l'affection que nous portons à l'ange gardien et qui se manifeste par notre prière et notre reconnaissance pour le bien qu'il nous aide à accomplir pour la gloire de Dieu. Le pape Pie XI commente ainsi : « L'ange gardien n'est pas seulement présent, mais sa compagnie déborde de tendresse et d'amour ; ce qui requiert encore de notre part à son égard un amour fait de tendresse, c'est-à-dire la dévotion[9]. »

---

7. Règle du Maître, 148.
8. Saint François de Sales, *Introduction à la vie dévote*, II partie, chap. XVI, in *Œuvres*, Gallimard, Paris, 1969, pp. 107-108.
9. Pie XI, *Discours à des enfants*, 2 septembre 1934, in *Discorsi*, t. 3., pp. 196-200.

« Par la confiance pour sa bonne garde » nous témoignons de notre affection envers notre ange gardien car nous savons qu'avec lui nous sommes en bonne garde sous ses « ailes ». Comme dit Pie XI, c'est « dans ce sentiment de confiance, qu'on remarque encore et de manière plus évidente la nécessité de la prière, qui est précisément l'expression authentique et spontanée de la confiance[10] ». Saint Bernard, lui aussi, nous invite à la confiance car notre ange est l'ami le plus fidèle qui soit : « Avec un ange auprès de vous, que pourriez-vous craindre ? Votre ange ne peut se laisser vaincre, ni tromper ; il est fidèle, il est prudent, il est puissant : pourquoi donc avoir peur ? »

• Jésus avait-il un ange gardien ?

Jésus n'avait pas besoin d'ange gardien, car il est leur Seigneur et tous les anges sont à ses pieds pour le servir : « Et il était dans le désert durant quarante jours, tenté par Satan. Et il était avec les bêtes sauvages et les anges le servaient » (Mc 1, 13)[11].

---

10. *Ibid.*
11. Saint Thomas d'Aquin, *Somme Théologique*, I, Q. 113, art. 4, s. 1.

TROISIÈME PARTIE

LES ANGES DANS LA FOI DE L'ÉGLISE

CHAPITRE I

Les anges dans la Profession de foi

- **Que dit le Credo au sujet des anges ?**

En disant : « Je crois en Dieu le Père tout puissant, créateur du ciel et de la terre, de l'univers visible et invisible », le Credo considère les anges dans l'ensemble de la création : ces créatures du monde invisible complètent celles du monde visible et rendent gloire à l'œuvre créatrice du Père. Le *Catéchisme de l'Église catholique* (1992) souligne le caractère universel de la création en s'appuyant sur la Parole de Dieu : « Dans l'Écriture Sainte, l'expression "ciel et terre" signifie : tout ce qui existe, c'est-à-dire, la création toute entière. Elle indique aussi le lien, à l'intérieur de la création, qui à la fois distingue et unit ciel et terre : "la terre", c'est le monde des hommes (Ps 115, 16) ; "le ciel » ou "les cieux" peut désigner le firmament (Ps 19, 2), mais aussi le "lieu" propre de Dieu : "Notre Père qui es aux cieux" (Mt 5, 16 ; Ps 115, 16) et, par conséquent, aussi le "ciel" qui est la gloire eschatologique. Enfin, le mot "ciel" indique le "lieu" des créatures spirituelles – les anges – qui entourent Dieu » (n° 326).

• **Le Credo se prononce-t-il au sujet de l'existence des anges ?**

Oui, dès sa première ligne le Credo du Concile de Nicée (325) proclame l'existence des esprits célestes : « Je crois en Dieu, créateur du ciel et de la terre, de l'univers visible et invisible. » Le ciel, l'univers invisible est celui des anges qui ne cessent de rendre gloire à Dieu, au plus haut des cieux. De même, le concile de Latran IV (1215) reprendra cette affirmation de foi : « Nous croyons fermement et confessons ouvertement qu'un seul est le vrai Dieu [...] unique principe de l'univers, créateur de toutes choses visibles et invisibles, spirituelles et matérielles, qui par sa force toute puissante dès le commencement avait fait de rien deux sortes de créatures : la spirituelle et la corporelle, c'est à dire les anges et le monde terrestre, et puis l'homme, pour ainsi dire participant de l'une et de l'autre, composé de l'âme et du corps[1]. »

• **L'existence des anges est-elle une vérité de foi ?**

Oui, l'existence des anges est une vérité de foi. Athénagore au IIe siècle en donne une première attestation : « Notre doctrine théologique ne s'en tient pas encore là (c'est-à-dire à la confession d'un Dieu unique en trois Personnes) ; mais nous disons qu'il y a

1. Denzinger S., 800.

une foule d'anges, de ministres, que le Créateur et démiurge du monde, Dieu, par l'intermédiaire du Verbe qui vient de lui, a répartis et ordonnés pour qu'ils s'occupent des éléments, des cieux, du monde et de tout ce qui est en lui, et de leur harmonie[2]. » Depuis toujours, donc, l'enseignement du Magistère considère l'existence des anges comme une vérité de foi, comme le confirment de nombreux documents, tels que ceux du Concile florentin œcuménique XVII (1441), ceux du Concile de Trente (1564), du Concile Vatican I (1870). Le Catéchisme actuel de l'Église catholique (1992) s'exprime dans le même sens par cette affirmation : « L'existence des êtres spirituels, non-corporels, que l'Écriture sainte nomme habituellement anges, est une vérité de foi » (n° 328).

---

2. Athénagore, *Supplique au sujet des chrétiens*, 10, Paris 1943, SC 3, p. 94.

CHAPITRE II

Les anges dans l'enseignement catéchétique

• **Qu'enseigne le *Catéchisme de l'Église catholique* au sujet des anges ?**

Tout en reprenant l'essentiel de l'angélologie traditionnellement enseignée par l'Église au cours des siècles, le *Catéchisme de l'Église Catholique* (1992) la synthétise, la simplifie, souligne son ancrage christologique et l'enracine dans l'Écriture et dans la Patristique. Je prendrai quelques exemples tirés de divers catéchismes pour faciliter la comparaison :

Catéchisme de l'Église Catholique (1992)

57. *Cet ordre à la fois cosmique, social et religieux de la pluralité des nations* (Ac 17,26-27), *confié par la Providence divine à la garde des anges* (Dt 4, 19 ; Dt 32, 8), est destiné à limiter l'orgueil d'une humanité déchue qui, unanime dans la perversité (Sg 10, 5), voudrait faire par elle-même son unité à la manière de Babel (Gn 11,4-6). Mais, à cause du péché (Rm 1, 18-25), le polythéisme ainsi que l'idolâtrie de la nation et de son chef

menacent sans cesse d'une perversion païenne cette économie provisoire.

311. *Les anges et les hommes, créatures intelligentes et libres, doivent cheminer vers leur destinée ultime par choix libre et amour de préférence.* Ils peuvent donc se dévoyer. En fait, ils ont péché. C'est ainsi que le mal moral est entré dans le monde, sans commune mesure plus grave que le mal physique. Dieu n'est en aucune façon, ni directement ni indirectement, la cause du mal moral (Saint Augustin, lib. 1,1,1 ; Saint Thomas d'Aquin, I-II 79, 1). Il le permet cependant, respectant la liberté de sa créature, et, mystérieusement, il sait en tirer le bien : Car le Dieu Tout-puissant…, puisqu'il est souverainement bon, ne laisserait jamais un mal quelconque exister dans ses œuvres s'il n'était assez puissant et bon pour faire sortir le bien du mal lui-même (Saint Augustin, *Enchir*. 11, 3).

326. Dans l'Écriture Sainte, l'expression « ciel et terre » signifie : tout ce qui existe, la création toute entière. Elle indique aussi le lien, à l'intérieur de la création, qui à la fois unit et distingue ciel et terre : « La terre », c'est le monde des hommes (Ps 115,16) « Le ciel », ou « les cieux », peut désigner le firmament (Ps 19,2), mais aussi le « lieu » propre de Dieu : « Notre Père qui es aux cieux » (Mt 5, 16 et Ps 115, 16) et, par conséquent, aussi le « ciel » qui est la gloire eschatologique. *Enfin, le mot « ciel » indique le « lieu » des créatures spirituelles – les anges – qui entourent Dieu.*

327. La profession de foi du quatrième Concile du Latran affirme que *Dieu « a tout ensemble, dès le commencement du temps, créé de rien l'une et l'autre créature, la spirituelle et la corporelle, c'est-à-dire les anges et le monde terrestre ;* puis la créature humaine qui tient des deux, composée qu'elle est d'esprit et de corps » (DS 800, DS 3002 et SPF 8).

I. Les Anges

L'existence des anges – une vérité de foi

328. L'existence des êtres spirituels, non-corporels, que l'Écriture sainte nomme habituellement anges, est une vérité de foi. Le témoignage de l'Écriture est aussi net que l'unanimité de la Tradition.

Qui sont-ils ?

329. Saint Augustin dit à leur sujet : « Angelus officii nomen est, non naturæ. Quæris nomen huius naturæ, spiritus est ; quæris officium, angelus est : ex eo quod est, spiritus est, ex eo quod agit, angelus[1] » (Psal. 103, 1, 15). De tout leur être, *les anges sont serviteurs et messagers de Dieu. Parce qu'ils contemplent « constamment la face de mon Père qui est aux cieux »* (Mt 18, 10), *ils sont*

---

1. Par nature, l'ange est un esprit. Par son agir, cet esprit est angélique.

« les ouvriers de sa parole, attentifs au son de sa parole » (Ps 103, 20).

330. En tant que créatures purement spirituelles, ils ont intelligence et volonté : ils sont des créatures personnelles (Pie XII : DS 3801) et immortelles (Lc 20, 36). Ils dépassent en perfection toutes les créatures visibles. L'éclat de leur gloire en témoigne (Dan 10, 9-12).

Le Christ « avec tous ses anges »

331. Le Christ est le centre du monde angélique. Ce sont ses anges à Lui : « Quand le Fils de l'homme viendra dans sa gloire avec tous ses anges… » (Mt 25, 31). Ils sont à Lui parce que créés par et pour Lui : « Car c'est en lui qu'ont été créées toutes choses, dans les cieux et sur la terre, les visibles et les invisibles : trônes, seigneuries, principautés, puissances ; tout a été créé par Lui et pour Lui » (Col 1, 16). Ils sont à Lui plus encore parce qu'Il les a faits messagers de son dessein de salut : « Est-ce que tous ne sont pas des esprits chargés d'un ministère, envoyés en service pour ceux qui doivent hériter le salut ? » (He 1, 14).

332. Ils sont là, dès la création (Jb 38, 7, où les anges sont appelés « fils de Dieu ») et tout au long de l'histoire du salut, annonçant de loin ou de près ce salut et servant le dessein divin de sa réalisation : ils ferment le paradis terrestre (Gn 3, 24), protègent Lot

(Gn 19), sauvent Agar et son enfant (Gn 21, 17), arrêtent la main d'Abraham (Gn 22, 11), la Loi est communiquée par leur ministère (Ac 7, 53), ils conduisent le peuple de Dieu (Ex 23, 20-23), ils annoncent naissances (Jg 13) et vocations (Jg 6,11-24 ; Is 6, 6), ils assistent les prophètes (1 R 19, 5), pour ne citer que quelques exemples. Enfin, c'est l'ange Gabriel qui annonce la naissance du Précurseur et celle de Jésus lui-même (Lc 1, 11 ; Lc 1, 26).

333. De l'Incarnation à l'Ascension, la vie du Verbe incarné est entourée de l'adoration et du service des anges. Lorsque Dieu « introduit le Premier-né dans le monde, il dit : "Que tous les anges de Dieu l'adorent" » (He 1, 6). Leur chant de louange à la naissance du Christ n'a cessé de résonner dans la louange de l'Église : « Gloire à Dieu… » (Lc 2, 14). Ils protègent l'enfance de Jésus (Mt 1, 20 ; Mt 2, 13 ; Mt 2, 19), servent Jésus au désert (Mc 1, 12 ; Mt 4, 11), le réconfortent dans l'agonie (Lc 22, 43), alors qu'il aurait pu être sauvé par eux de la main des ennemis (Mt 26, 53) comme jadis Israël (2 M 10, 29-30 ; 2 M 11, 8). Ce sont encore les anges qui « évangélisent » (Lc 2, 10) en annonçant la Bonne Nouvelle de l'Incarnation (cf. Lc 2, 8-14), et de la Résurrection (Mc 16, 5-7) du Christ. Ils seront là au retour du Christ qu'ils annoncent (Ac 1, 10-11), au service de son jugement (Mt 13, 41 ; Mt 24, 31 ; Lc 12, 8-9).

Les anges dans la vie de l'Église

334. D'ici là toute la vie de l'Église bénéficie de l'aide mystérieuse et puissante des anges (Ac 5, 18-20 ; Ac 8, 26-29 ; Ac 10, 3-8 ; Ac 12, 6-11 ; Ac 27, 23-25).

335. Dans sa Liturgie, l'Église se joint aux anges pour adorer le Dieu trois fois saint (dans le « Sanctus ») ; elle invoque leur assistance (ainsi dans le « Supplices te rogamus... » du Canon romain ou le « In Paradisum deducant te angeli... » de la Liturgie des défunts, ou encore dans l'« Hymne chérubinique » de la Liturgie byzantine), elle fête plus particulièrement la mémoire de certains anges (Saint Michel, Saint Gabriel, Saint Raphaël, les anges gardiens).

336. De l'enfance (Mt 18, 10) au trépas (Lc 16, 22), la vie humaine est entourée de leur garde (Ps 34, 8 ; Ps 91, 10-13) et de leur intercession (Jb 33, 23-24 ; Za 1, 12 ; Tb 12, 12). « Chaque fidèle a à ses côtés un ange comme protecteur et pasteur pour le conduire à la vie » (Saint Basile, Eun. 3,1). Dès ici-bas, la vie chrétienne participe, dans la foi, à la société bienheureuse des anges et des hommes, unis en Dieu.

350. Les anges sont des créatures spirituelles qui glorifient Dieu sans cesse et qui servent ses desseins salvifiques envers les autres créatures : « Ad omnia

bona nostra cooperantur angeli[2] » (Saint Thomas d'Aquin, I, 114, 3, ad 3).

351. Les anges entourent le Christ, leur Seigneur. Ils le servent particulièrement dans l'accomplissement de sa mission salvifique envers les hommes.

352. L'Église vénère les anges qui l'aident dans son pèlerinage terrestre. et qui protègent tout être humain.

II. La chute des anges

391. Derrière le choix désobéissant de nos premiers parents, il y a une voix séductrice, opposée à Dieu (Gn 3, 4-5) qui, par envie, les fait tomber dans la mort (Sg 2, 24). L'Écriture et la Tradition de l'Église voient en cet être un ange déchu, appelé Satan ou diable (Jn 8, 44 ; Ap 12, 9). L'Église enseigne qu'il a été d'abord un ange bon, créé par Dieu. « Diabolus enim et alii dæmones a Deo quidem natura creati sunt boni, sed ipsi per se facti sunt mali », « Car le Diable et les autres démons ont été créés bons par nature, mais eux-mêmes se sont rendus mauvais ». (Cc. Latran IV en 1215 : DS 800).

---

2. « Les anges contribuent en tout à notre bien. »

392. L'Écriture parle d'un péché de ces anges (2P 2, 4). Cette « chute » consiste dans le choix libre de ces esprits créés, qui ont radicalement et irrévocablement refusé Dieu et son Règne. Nous trouvons un reflet de cette rébellion dans les paroles du tentateur à nos premiers parents : « Vous deviendrez comme Dieu » (Gn 3, 5). Le diable est « pécheur dès l'origine » (1 Jn 3, 8), « père du mensonge » (Jn 8, 44).

393. C'est le caractère irrévocable de leur choix, et non un défaut de l'infinie miséricorde divine, qui fait que le péché des anges ne peut être pardonné. « Il n'y a pas de repentir pour eux après la chute, comme il n'y a pas de repentir pour les hommes après la mort » (Saint Jean Damascène, f. o. 2, 4 : PG 94, 877 C).

414. Satan ou le diable et les autres démons sont des anges déchus pour avoir librement refusé de servir Dieu et son dessein. Leur choix contre Dieu est définitif. Ils tentent d'associer l'homme à leur révolte contre Dieu.[3]

- **Le nouveau *Compendium* reprend-il cet enseignement ?**

Le *Compendium* du *Catéchisme de l'Église Catholique* (2005) est un condensé, une synthèse fidèle du *Catéchisme de l'Église Catholique* publié en 1992. Cet

3. *Catéchisme de l'Église Catholique*, Mame-Plon, Paris, 1992.

abrégé de la foi catholique a le mérite d'être clair et précis : sa présentation, sous forme de questions-réponses, rappelle celle du *Catéchisme* de Saint Pie X et permet donc une plus grande facilité de compréhension de la part des fidèles. C'est le Pape Jean Paul II qui, en février 1993, créa une commission spéciale, présidée par le Cardinal Joseph Ratzinger, dans le but d'élaborer ce *Compendium* qui sera destiné à l'Église universelle. Le Pape Benoît XVI l'a approuvé et promulgué le 28 juin 2005. Comme l'édition en langue française n'existe pas encore, les textes qui suivent ont été traduits par mes soins :

Le ciel et la terre

59. Qu'est-ce que Dieu a créé ?

La Sainte Écriture dit : « Au commencement, Dieu créa le ciel et la terre » (Gn 1,1). L'Église, dans sa profession de foi, proclame que Dieu est le créateur de toutes choses visibles et invisibles : de tous les êtres spirituels et matériels, c'est-à-dire des anges et du monde visible, et de l'homme en particulier.

60. Les anges, qui sont-ils ?

Les anges sont de pures créatures spirituelles, incorporelles, invisibles et immortelles, êtres personnels doués d'intelligence et de volonté. Contemplant sans cesse Dieu face à face, ils le glorifient, le servent et sont ses messagers dans l'accomplissement de la mission du salut pour tous les hommes.

61. De quelle façon les anges sont-ils présents dans la vie de l'Église ?

L'Église s'unit aux anges pour adorer Dieu, invoque leur assistance et dans la liturgie célèbre la mémoire de certains d'entre eux.

74. Qu'est-ce que la chute des anges ?

Par cette expression on indique que Satan et les autres démons dont parle la Sainte Écriture et la Tradition de l'Église ont été des anges créés bons par Dieu, puis devinrent mauvais, car par choix libre et irrévocable ils ont refusé Dieu et son Règne, donnant ainsi origine à l'enfer. Ils tentent d'associer l'homme à leur rébellion contre Dieu ; mais Dieu affirme dans le Christ sa victoire sûre contre le Malin[4].

• Quel regard porte le *Catéchisme des adultes des évêques de France* sur les anges ?

Les évêques de France ont fait paraître ce catéchisme pour adultes en 1991, soit un an avant le *Catéchisme de l'Église Catholique*. Pour se démarquer des catéchismes traditionnels, leurs auteurs utilisent « un langage beaucoup plus “moderne” et adapté à la culture française que le *Catéchisme de l'Église catholique*

4. *Catechismo della Chiesa Cattolica*, Compendio, éd. Vaticana, San Paolo, 2005, n. 59-74.

qui, se voulant universel, n'ose pas s'écarter des formulations anciennes et "traditionnelles" de la foi. D'un point de vue ecclésiologique, il nous semble intéressant de valoriser – dans notre aire francophone – ce document des évêques de France plus lisible que celui de Rome. » Mis à part ces considérations bien « françaises » ce catéchisme dit très peu de choses sur les anges, mais se rachète quelque peu dans le chapitre où il est question des esprits mauvais.

Catéchisme des adultes des évêques de France (1991)

Chapitre 2. Section 4 :
Créateur du ciel et de la terre (90-113)

LES ANGES DE DIEU

97. En parlant de « choses visibles et invisibles », la foi chrétienne nous renvoie tout en même temps à ce qui relève de l'expérience sensible et à ce qui la dépasse. Aux yeux de la foi, les réalités invisibles ne sont pas moins réelles que celles qui sont visibles. Si nos sens ne peuvent les atteindre, elles ne relèvent pas pour autant de l'imagination. *Parmi les créatures invisibles dont parle la Bible, et qu'honore la Tradition chrétienne, il y a les anges. Leur nom signifie « messagers ». Nous les connaissons surtout à travers leur mission d'envoyés de Dieu. Certes, les*

anges ont d'abord pour mission de rendre gloire à Dieu (Ps 102, 20 ; Ps 148, 2 etc.). Mais leur fonction est aussi de nous rappeler que, dans l'histoire, les interventions de Dieu elles-mêmes comportent toujours une part de mystère. Il faut qu'elles nous soient annoncées « d'en haut » pour nous être accessibles. C'est ainsi que les anges jouent leur rôle à la Nativité du Sauveur et à la Résurrection.

LES ANGES, CRÉATURES DE DIEU SOUMISES AU CHRIST

98. *Créatures spirituelles, les anges ne sont pas des demi-dieux. Associés au Christ dans son œuvre de salut* (He 1, 14), *ils lui sont totalement soumis* (Ep 1, 19-22). Dès les premiers siècles, l'Église a dû s'opposer aux débordements de certaines spéculations qui s'étaient auparavant développées dans le judaïsme sur le monde des anges. Plus près de nous, une certaine imagerie a pu susciter un malaise, qui a parfois conduit, par réaction, à un complet silence sur les anges. Pendant ce temps, de nouvelles spéculations se développent sur « l'invisible » en dehors des véritables références chrétiennes. Comme souvent, le chemin de la foi se trace entre deux écueils. Contre toute tendance réductrice, la foi ne peut oublier la place tenue par les anges dans la Révélation (même si, dans l'interprétation des textes bibliques, on doit tenir compte des facteurs littéraires et de ce qui peut relever des représentations générales de l'époque). Contre toute inflation sur la puissance

du monde de « l'invisible », elle doit se rappeler fermement qu'il n'y a pas de salut ailleurs qu'en Jésus Christ (Ac 4, 12).

Les esprits mauvais

100. C'est en référence à la foi constante de l'Église et à sa source principale, l'enseignement du Christ, que doit être affirmée l'existence d'esprits mauvais. L'Écriture fait allusion à une « chute » originelle de certains anges (2 P 2,4 ; Jude 1,6). À ces esprits mauvais elle confère divers noms : Lucifer, Belial, Beelzeboul, et surtout Satan. Ces noms sont en rapport avec leur action maléfique (*le Satan est l'Adversaire*). En Israël, ces esprits sont souvent mis en rapport avec les cultes païens environnants, voire avec les tyrans qui, sur terre, en sont comme la figure vivante (Is 14,12). L'existence des esprits mauvais est attestée également dans les évangiles (Mt 25, 41 ; Mc 1,13 ; Lc 22, 31 ; Jn 13, 27, etc.). Elle rejoint aussi l'expérience que nous faisons de forces cachées qui peuvent peser sur nos libertés, et marquer aussi la vie des sociétés, si souvent impuissantes à réaliser leurs desseins.

101. Cependant plus encore qu'à propos des anges serviteurs de Dieu et du Christ, l'Église a toujours combattu les spéculations qui aboutiraient à mettre une limite à la toute-puissance du Créateur, en établissant en face de Dieu certains esprits mauvais (ou

l'un d'eux) qui auraient été depuis toujours en rivalité avec lui, comme s'il y avait à l'origine de tout deux principes, l'un bon (Dieu), l'autre mauvais (quel que soit le nom qui peut lui être donné). Les esprits mauvais sont des êtres créés bons par Dieu, qui se sont pervertis et ont perverti leur mission. L'opposition qu'ils représentent en face d'un Dieu essentiellement bon est liée à une « chute », assimilable à un péché (2 P 2, 4 ; Jde 1, 6). Alors que les bons anges sont associés à l'œuvre du Christ, les esprits mauvais, ou démons, viennent lui faire obstacle. Dans le Notre Père, Jésus enseigne à ses disciples à demander au Père de ne pas les exposer à la tentation et de les délivrer du Mauvais (Mt 6,13). Cependant l'Évangile annonce la victoire définitive du Christ sur toutes les formes du mal. Par lui la Création est restituée à sa destination première (Mt 12, 28), et l'homme rendu à sa liberté de fils de Dieu.

- **Comment le *Catéchisme de Saint Pie X* aborde-t-il la question des anges ?**

L'intention de Saint Pie X est exposée dans sa lettre du 14 juin 1905 : « La nécessité de pourvoir autant que possible à la formation religieuse des enfants Nous a porté à publier un catéchisme qui expose d'une manière claire les éléments de la sainte foi et les vérités divines sur lesquelles doit se régler la vie de tout chrétien. » Ce catéchisme conserve toute sa valeur théologique, comme l'affirme le cardinal Joseph

Ratzinger, futur Pape Benoît XVI : « La foi est, comme telle, toujours la même et le Catéchisme de Saint Pie X garde donc toujours la même valeur. Ce qui peut changer, en revanche, c'est la façon de transmettre les contenus de la foi[5]. » Les questions-réponses qui ont pour objet les anges et les démons sont simples et profondes à la fois. Les dernières questions se réfèrent aux anges gardiens.

Catéchisme de Saint Pie X

Chapitre II. Le 1er article du Symbole :

Quelles sont les créatures les plus nobles que Dieu ait créées ?

Les plus nobles créatures créées par Dieu sont les anges.

Qu'est-ce que les anges ?

Les anges sont des créatures intelligentes et purement spirituelles.

Dans quel but Dieu a-t-il créé les anges ?

Dieu a créé les anges pour être honoré et servi par eux, et pour les rendre éternellement heureux.

Quelle forme et quelle figure ont les anges ?

Les anges n'ont ni figure ni forme sensible parce qu'ils sont de purs esprits, créés par Dieu pour subsister sans devoir être unis à un corps.

---

5. Razinger J. in *30 jours dans l'Église et dans le monde*, avril 2003.

Pourquoi donc représente-t-on les anges sous des formes sensibles ?

On représente les anges sous des formes sensibles :

1) Pour aider notre imagination à les concevoir ;

2) Parce que c'est ainsi qu'ils ont apparu souvent aux hommes, comme nous le lisons dans la Sainte Écriture.

Les anges furent-ils tous fidèles à Dieu ?

Non, les anges ne furent pas tous fidèles à Dieu, mais beaucoup parmi eux prétendirent par orgueil lui être égaux et être indépendants de lui ; et, à cause de ce péché, ils furent exclus pour toujours du paradis et condamnés à l'enfer.

Comment s'appellent les anges exclus pour toujours du paradis et condamnés à l'enfer ?

Les anges exclus pour toujours du paradis et condamnés à l'enfer s'appellent démons et leur chef s'appelle Lucifer ou Satan.

Les démons peuvent-ils nous faire quelque mal ?

Oui, les démons, si Dieu leur en donne la permission, peuvent faire beaucoup de mal et à notre âme et à notre corps, surtout en nous portant au péché par la tentation.

Pourquoi nous tentent-ils ?

Les démons nous tentent à cause de l'envie qu'ils nous portent et qui leur fait désirer notre damnation éternelle, et à cause de leur haine contre Dieu dont l'image resplendit en nous. Et Dieu permet les tentations, afin que nous en triomphions avec le secours de la grâce, et qu'ainsi nous pratiquions les vertus et nous acquérions des mérites pour le paradis.

Comment pouvons-nous triompher des tentations ?
On triomphe des tentations par la vigilance, par la prière et par la mortification chrétienne.

Comment s'appellent les anges qui sont restés fidèles à Dieu ?
Les anges qui sont restés fidèles à Dieu s'appellent les bons anges, les Esprits célestes ou simplement les anges.

Que devinrent les anges restés fidèles à Dieu ?
Les anges restés fidèles à Dieu furent confirmés en grâce. Ils jouissent pour toujours de la vue de Dieu ; ils l'aiment, le bénissent et le louent éternellement.

Dieu se sert-il des anges comme de ses ministres ?
Oui, Dieu se sert des anges comme de ses ministres, et, en particulier, il confie à beaucoup d'entre eux la charge d'être nos gardiens et nos protecteurs.

Devons-nous avoir une dévotion particulière envers notre ange gardien ?
Oui, nous devons avoir une dévotion particulière envers notre ange gardien, l'honorer, invoquer son appui, suivre ses inspirations, et lui être reconnaissants pour l'assistance continuelle qu'il nous prête[6].

---

6. *Catéchisme de Saint Pie X*, Dominique Martin Morin éd., Paris, 1978.

• **Que dit le *Catéchisme du Concile de Trente* au sujet des anges ?**

Le Concile de Trente ordonna la rédaction de ce catéchisme en 1562, mais ce fut Saint Pie V qui le publia en 1566. Ce catéchisme, qui a servi de fondement théologique aux catéchismes successifs, traite de l'existence des anges, des démons et des anges gardiens avec une grande clarté doctrinale.

CATÉCHISME DU CONCILE DE TRENTE OU CATÉCHISME ROMAIN (1566)

1re Partie : Le symbole des Apôtres, Chapitre II.
Premier article du Symbole :

Dieu créa également de purs esprits et des anges innombrables pour en faire ses serviteurs et ses ministres. Il les orna et les enrichit des dons de sa grâce et de sa puissance. Quand la Sainte Écriture nous raconte que le démon ne demeura pas dans la vérité (Jn 8,44), Elle nous fait entendre clairement que lui et les autres anges apostats avaient reçu la grâce dès le commencement de leur existence. Saint Augustin l'affirme nettement : *(Lib. 12, de Civ. Dei, Cap. 9.)* Dieu, dit-il, créa les anges avec une volonté droite, c'est-à-dire avec un chaste amour qui les unissait à Lui, formant à la fois leur nature, et y ajoutant la grâce comme un bienfait. D'où il faut conclure que les anges saints ne perdirent jamais cette volonté droite, c'est-à-dire l'amour de Dieu. Quant à leur science, voici le témoignage de nos saints Livres : « Ô mon Seigneur et mon Roi, Vous avez la sagesse d'un ange de Dieu, et vous connaissez tout ce qui est sur la terre. » Pour exprimer leur puissance, le saint roi David nous dit : (Ps 102,21) « Les anges sont puissants en vertu, et ils exécutent les ordres de Dieu. Aussi l'Écriture sainte les appelle souvent les vertus, et l'armée du Seigneur. »

Mais, bien qu'ils eussent tous reçu ces dons célestes qui faisaient leur gloire, plusieurs cependant, pour avoir abandonné Dieu leur Père et leur Créateur, furent bannis de leurs sublimes demeures, et renfermés dans une prison très obscure, au centre de la terre, où ils subissent la peine éternelle due à leur orgueil. Ce qui a fait dire au prince des Apôtres : (2P 2, 4) « Dieu n'a point épargné les anges pécheurs, mais Il les a précipités dans l'enfer et chargés de chaînes, pour y être tourmentés, et pour y attendre le jugement. »

La Providence divine a confié à des anges la garde du genre humain. Elle les a chargés de protéger sans cesse tous les hommes pour les préserver des dangers qui pourraient les menacer. De même que les parents donnent des gardes et des défenseurs à leurs enfants, lorsqu'ils les voient entreprendre quelque voyage difficile et périlleux, ainsi dans ce voyage que nous faisons tous vers la céleste patrie, Dieu notre Père nous a confiés à la garde d'un ange, afin que son secours et sa vigilance nous fissent éviter les embûches secrètement préparées par nos ennemis, repousser les plus terribles attaques dirigées contre nous, marcher constamment dans le droit chemin, et empêcher que quelque piège tendu par notre perfide adversaire ne nous fît sortir de la voie qui mène au ciel[7].

---

7. Texte des éditions Desclée et Cie, imprimatur à Tournai, le 17 juillet 1923. Les définitions dogmatiques postérieures à la rédaction du *Catéchisme du Concile de Trente* (Immaculée Conception, Infaillibilité pontificale, Assomption), qui figurent en annexe, ont été ajoutées dans la réédition de 1984 : Cf. *Catéchisme du Concile de Trente*, Dominique Martin Morin éd., Paris, 1978.

CHAPITRE III

Les anges dans la liturgie

- **Les anges et les hommes communient-ils à une même liturgie ?**

Oui, les anges et les hommes communient à une même Liturgie qui unit le ciel et la terre, c'est-à-dire, la liturgie céleste et la liturgie terrestre : « Les Chœurs de l'Église triomphante et ceux de l'Église militante se viennent attacher et joindre à Notre Seigneur en cette divine action pour, avec lui, en lui et par lui, ravir le cœur de Dieu le Père et rendre sa miséricorde toute nôtre[1] ». Erik Peterson s'appuie à la fois sur l'Écriture et sur la Tradition pour affirmer justement « que tout culte de l'Église sur cette terre doit être entendu comme une participation au culte céleste rendu à Dieu par les anges[2]. » La participation de l'Église au *Sanctus* des anges montre bien que la louange des hommes ne fait que s'ajouter à celle des anges, qui est

1. Saint François de Sales, *Introduction à la vie dévote*, 2e partie, c. XIV.
2. Peterson E., *op. cit.*, p. 67.

la sanctification originelle de Dieu. En revanche, dans le culte d'ici-bas, ce n'est qu'après avoir reçu l'injonction que l'homme loue Dieu. Saint Basile, dans son explication du Psaume 28 exprime clairement la différence entre le culte des anges et celui des hommes : les premiers ne cessent de louer Dieu et les seconds sont paresseux à s'acquitter de cette œuvre de piété.[3] C'est là toute la différence entre liturgie céleste et terrestre. Saint Augustin dit que « l'Église encore itinérante, est unie à cette Église céleste où les anges sont nos concitoyens ».[4] En effet, le Christ « est le chef de toute la cité de Jérusalem, où sont comptés les fidèles depuis le commencement jusqu'à la fin des temps, à laquelle s'ajoutent les légions et les armées des anges, afin qu'elle devienne une seule cité sous un seul roi, et une seule province sous un seul empereur, heureuse dans la paix et le salut éternels, louant Dieu sans fin, bienheureuse sans fin ».[5]

C'est toujours le cosmos tout entier qui participe à la louange de Dieu. La quatrième prière eucharistique du *Missel romai*n, par exemple, met bien en évidence la communion de toutes les créatures du ciel et de la terre, unies dans un même chant de louange au Dieu créateur : « Vraiment il est bon de Te rendre grâce, il est juste et bon de Te glorifier, Père très saint, car Tu

---

3. Basile, PG 29, 301 d.
4. Saint Augustin, Serm. 341, 9, in PL 39, 1500.
5. *Idem.*, enarr. In Psalm 36, 3, in PL 36, 185.

es le seul Dieu, le Dieu vivant et vrai : Tu étais avant tous les siècles, Tu demeures éternellement lumière au-delà de toute lumière. Toi, le Dieu de bonté, la source de la vie, Tu as fait le monde pour que toute créature soit comblée de tes bénédictions et que beaucoup se réjouissent de ta lumière. Ainsi les anges innombrables qui Te servent jour et nuit se tiennent devant Toi, et, contemplant la splendeur de ta face, n'interrompent jamais leur louange. Unis à leur hymne d'allégresse, avec la création tout entière qui T'acclame par nos voix, Dieu, nous Te chantons. »

> « C'est toujours l'univers tout entier qui participe à la louange de Dieu ; or le ciel des anges n'est-il pas la partie la plus spirituelle de l'univers ? Aussi jamais l'hymne des anges ne pourra disparaître du culte de l'Église. Car c'est lui qui donne à la louange de l'Église la profondeur et la transcendance qu'exige le caractère de la Révélation chrétienne. »
>
> Peterson E., *Le livre des Anges*, Desclée de B., Paris, 1954, p. 57.

- **Comment les anges participent-ils à la liturgie ?**

Dans la célébration de l'Eucharistie les anges nous invitent à entrer dans la prière eucharistique par la Préface et le *Sanctus*. La présence des anges à la célébration eucharistique est tellement évidente pour Saint Jean Chrysostome, Sainte Edwige de Suède, Sainte Angèle de Foligno et pour tant d'autres qui voyaient les anges assister le prêtre à l'autel et l'escorter au moment de la distribution de la Communion : « Ne sais-tu donc pas, intervient un antique auteur arménien, qu'à l'instant où le Saint Sacrement arrive sur l'autel, le ciel s'ouvre devant le Christ qui descend, entouré de troupes d'anges qui volent du ciel jusqu'à la terre, entourent l'autel où est célébré le Saint Sacrement du Seigneur, et que tous sont remplis de l'Esprit Saint[6] » ? Saint Ambroise, lui aussi, voit l'assistance de l'ange auprès du prêtre qui célèbre les saints mystères : « Nous aussi, alors que nous serons à l'autel, offrant le sacrifice, qu'un ange vienne pour nous assister et mieux encore qu'il se présente à notre vision ! Tu ne dois pas douter qu'un ange t'assiste quand le Christ lui-même se tient là, quand le Christ lui même est immolé[7]. » Conscient de la participation angélique à la prière de l'Église, Saint Bernard affirme que les anges prient avec nous et nous aident même à chanter l'office. Nous retrouvons cette même délicatesse envers les Chœurs angéliques chez Saint François d'Assise qui recommandaient aux religieux de venir prier l'office divin avec régularité et dévotion par respect pour la présence des anges : « Puisque dans le chœur l'on chantait en présence des anges, François voulait que tous ceux qui le pouvaient s'y rendent et y chantent avec dévotion[8]. » De

6. Mandakoni, *Sermones*, cité par Peterson E., *op. cit.*
7. Saint Ambrosie, *Sur Luc*, Livre I, n° 68.
8. Celano, cité par Siena Giovanni, *op. cit.*, p. 82.

même, Saint Benoît, dans un chapitre de sa Règle intitulé « De la discipline du chant », cite le verset du Psaume 137 : « Je te chanterai en présence des anges » et poursuit : « Considérons quels nous devons être sous le regard de la Divinité et de ses anges ; et soyons présents à la psalmodie de telle manière que notre homme intérieur s'accorde avec nos voix[9]. » Pour apprendre à mieux prier et louer Dieu, Saint François de Sales nous invite à mêler nos voix à celles des anges : « Joignons nos cœurs à ces célestes esprits et âmes bienheureuses ; comme des petits rossignols apprennent à chanter avec les grands, ainsi par le sacré commerce que nous ferons avec les saints, nous saurons bien mieux prier et chanter les louanges divines : Je psalmodierai, disait David, à la vue des anges[10]. » Par ces exemples, nous comprenons combien il est important de prier avec les anges, en leur présence, pour rendre à Dieu l'hommage qui lui revient.

- **Quelle est la place des anges dans l'année liturgique ?**

Les anges sont présents dans tout le cycle liturgique, comme ils le furent dans tous les mystères du Christ. Au cours de l'Année liturgique, l'Église célèbre la participation des anges aux événements du

---

9. Saint Benoît, Règle, c. XIX.
10. Saint François de Sales, *Introduction à la vie dévote*, 2e partie, c. XVI.

salut, plus particulièrement à l'occasion de certaines solennités comme l'Avent, Noël (25 décembre), Carême (1er Dimanche), Saint Joseph (19 mars), l'Annonciation (25 mars), Pâques, l'Ascension, les Saints Pierre et Paul (29 juin), l'Assomption (15 août), la Toussaint (1er novembre) et l'Immaculée Conception (8 décembre). Elle consacre aussi à leur mémoire certains jours particuliers : le 29 septembre (fête des Archanges Michel, Gabriel et Raphaël) et le 2 octobre (mémoire des Anges gardiens). L'Église célèbre encore en leur honneur une messe votive, dont la Préface proclame que « la gloire de Dieu resplendit dans les anges » ; dans la célébration des mystères divins, elle s'associe au chant des anges pour proclamer la gloire du Dieu trois fois saint (Is 6, 3) et elle sollicite leur aide pour porter l'offrande eucharistique « sur l'autel céleste, en présence de la gloire de Dieu[11] ». L'Église célèbre aussi l'office divin en leur présence (Ps 137), elle confie les prières des fidèles au ministère des anges (Ap 5, 8 ; 8, 3), ainsi que la douleur des pénitents et la défense des justes contre les attaques du Malin. À la fin de chaque journée, elle implore Dieu d'envoyer ses anges pour garder ceux qui prient dans la paix, elle prie les esprits célestes de venir en aide aux agonisants, et au cours du rite des obsèques, elle supplie les anges d'accompagner l'âme du défunt jusqu'au paradis et de garder son tombeau, *In Paradisum deducant te angeli.*

11. *Missel Romain.*

- **Les anges sont-ils présents dans les lieux où sont célébrés les actes liturgiques ?**

Si les anges sont présents auprès de chacun d'entre nous, ils seront d'autant plus présents lorsque nous célébrons la liturgie, qui est la prière de toute l'Église. Le moine Jean Moschus († 614) évoque même une présence des anges dans les lieux consacrés au service de Dieu : « L'abbé Léonce, du monastère de notre saint Père Théodose, nous raconta ceci : "Étant descendu un dimanche, j'allais communier dans l'église. En entrant, je vis un ange debout à la droite de l'autel, et saisi de frayeur je me retirai dans ma cellule. Une voix vint à moi qui me disait : Depuis que cet autel a été consacré, j'ai été chargé de me tenir près de lui[12]" » Saint Nil le Grand rapporte que Saint Jean Chrysostome a souvent vu son église remplie par les anges, en particulier durant la sainte messe[13]. Dans une église dédiée aux martyrs, Saint Jean Chrysostome rend hommage à la présence des anges en ce lieu : « Oui, les anges sont ici présents : à l'assemblée d'aujourd'hui concourent également les anges et les martyrs. Vous désirez peut-être voir les uns et les autres ? Eh bien, ouvrez les yeux de la foi, et vous contemplerez ce spectacle. Si l'air entier est peuplé

12. Moschus J., *Le pré spirituel*, SC 12.
13. Saint Nil le Grand, *Ad Anastasium episc.*, t. II, lettre CCXCIV.

d'anges, à plus forte raison en sera-t-il ainsi de l'Église[14]... » Dans une autre homélie, Jean décrivant l'ouverture du voile qui cache le sanctuaire sur la porte de l'iconostase byzantine, dit : « L'Église est le lieu des anges, le lieu des archanges, le règne de Dieu, le ciel même[15]. » Pour Jean et pour d'autres Pères, les anges sont bien présents là où on célèbre la Sainte Liturgie. Saint François de Sales, lui aussi, confirme la présence des anges durant la célébration de l'Eucharistie : « Faites donc toutes sortes d'efforts pour assister tous les jours à la sainte Messe, afin d'offrir avec le prêtre le sacrifice de votre Rédempteur à Dieu son Père, pour vous et pour toute l'Église. Toujours, les anges en grand nombre s'y trouvent présents, comme le disait Saint Jean Chrysostome, pour honorer ce saint mystère et, nous y trouvant avec eux et avec une même intention, nous ne pouvons que recevoir beaucoup d'influences propices par une telle société[16]. »

- **Dans quels livres liturgiques est-il fait mention des anges ?**

Contrairement aux liturgies orientales, la liturgie romaine se distingue par la sobriété de ses rites. Les

---

14. Saint Jean Chrysostome, *Œuvres complètes*, L. Vivès, Paris, 1874, vol. 2, Homélie sur l'Ascension de Notre-Seigneur.
15. Saint Jean Chrysostome, *Epistula ad 1 Corinthios*, homilia, 36, 5 ; PG., 61, 313.
16. Saint François de Sales, *Introduction à la vie dévote*, 2e partie, c. XIV.

anges apparaissent cependant dans de nombreux textes liturgiques dont voici quelques exemples :

a) Dans le Missel Romain :

LITURGIE DE LA MESSE

– *Préparation pénitentielle* : « Je confesse à Dieu tout-puissant, je reconnais devant mes frères, que j'ai péché en pensée, en parole, par action et par omission ; oui, j'ai vraiment péché. C'est pourquoi je supplie la Vierge Marie, les *anges* et tous les saints, et vous aussi, mes frères, de prier pour moi le Seigneur notre Dieu. »

– *Préface* : Les anges sont mentionnés, souvent par groupes, et dans la conclusion de chaque préface. En voici un exemple : « C'est par lui que les *anges* célèbrent ta grandeur, que les esprits bienheureux adorent ta gloire, que s'inclinent devant toi les puissances d'en haut, et tressaillent d'une même allégresse les innombrables créatures des cieux. À leur hymne de louange, laisse-nous joindre nos voix pour chanter et proclamer : Saint[17]... »

– *Dans le Canon Romain* : « Nous t'en supplions, Dieu tout-puissant : qu'elle soit portée par ton *ange* en présence de ta gloire, sur ton autel céleste, afin qu'en recevant ici, par notre communion à l'autel, le corps

---

17. *Missel Romain*, 1979, Préface du Temps Ordinaire, 2e Préface commune.

et le sang de ton Fils, nous soyons comblés de ta grâce et de tes bénédictions. »

PROPRE DU TEMPS

– *L'Exultet pascal* : « Exultez de joie, multitude des *anges*, exultez, serviteurs de Dieu, sonnez cette heure triomphale et la victoire d'un si grand roi. Sois heureuse aussi, notre terre, irradiée de tant de feux, car il t'a prise dans sa clarté et son règne a chassé ta nuit. Réjouis-toi, mère Église, toute parée de sa splendeur, entends vibrer dans ce lieu saint l'acclamation de tout un peuple ! »

FÊTES ET MYSTÈRES DU SEIGNEUR

– Séquence *Lauda Sion* : Sion, célèbre ton Sauveur, chante ton chef et ton pasteur par des hymnes et des chants… Le voici, le pain des *anges*, il est le pain de l'homme en route, le vrai pain des enfants de Dieu, qu'on ne peut jeter aux chiens… » (Solennité, Le saint Sacrement du Corps et du Sang du Christ).

CÉLÉBRATIONS POUR LA FÊTE DES SAINTS

– *Prière d'ouverture* (2 octobre Les saints anges gardiens) : « Seigneur, dans ta mystérieuse providence, tu envoies les *anges* pour nous garder ; daigne répondre à nos prières en nous assurant le bienfait de leur protection et la joie de vivre en leur compagnie pour toujours. Par Jésus Christ… »

– *Préface de la fête des Saints Michel, Gabriel et Raphaël, archanges* : Vraiment il est juste et bon de t'offrir notre action de grâces, Dieu éternel et tout puissant, et de te rendre gloire pour tes *anges* et tes *archanges* : L'admiration que leur fidélité nous inspire rejaillit jusqu'à toi, et la splendeur de ces créatures spirituelles nous laisse entrevoir comme tu es grand et combien tu surpasses tous les êtres. Avec ces multitudes d'esprits bienheureux qui t'adorent dans le ciel par le Christ Notre Seigneur, nous te chantons ici-bas en te proclamant : Saint… »

b) Dans la liturgie des Heures

– Hymne *Te Deum* : « À toi, Dieu, notre louange ! Nous t'acclamons : tu es Seigneur ! À toi, Père éternel, l'hymne de l'univers. Devant toi se prosternent les *archanges*, les *anges* et les esprits des cieux ; ils te rendent grâce, ils adorent et ils chantent : Saint… »

– Antienne *Ave Regina Cælorum* (Salut Reine des cieux ! Salut Reine des *anges* !), à l'office de complies.

c) Dans le rituel :

RITUEL DES FUNÉRAILLES

– *In paradisum* : « 1. Jusqu'en Paradis les *anges* te conduisent ; à ton arrivée, que les martyrs te reçoivent, et qu'ils t'introduisent dans la cité du ciel. 2. Le cortège des *anges* viendra t'accueillir… » (Procession vers le cimetière).

– *Bénédiction de la tombe* : « Dieu de miséricorde, qui donnes le repos aux âmes des fidèles, daigne bénir cette tombe et envoyer ton *ange* pour la garder… »

RITUEL : DIVERS

– Les *litanies des Saints* : « … Saint Michel, priez pour nous ; Saints Anges de Dieu, priez pour nous… »

> Les anges qui sont toute clarté sont, eux, ébranlés par le service des œuvres humaines qui sont aussi œuvres de Dieu ; ces œuvres de dévotion sont présentées aux anges à la face de Dieu. Les anges ne cessent de les considérer, ils en offrent à Dieu le suave parfum, en choisissant ce qui est utile et en rejetant ce qui est inutile.
>
> Sainte Hildegarde de Bingen, *Le livre des œuvres divines*,
> Paris, Albin Michel, 1982, p. 149.

- **Quelles sont les fêtes liturgiques des saints anges ?**

Dans le calendrier romain, jusqu'en 1970, Saint Michel archange était fêté le 8 mai, date qui coïncide avec la solennité au sanctuaire du Mont Gargan, lieu où l'Archange apparut. Les fêtes des archanges Gabriel et Raphaël, furent introduites dans le calendrier romain par le pape Benoît XV en 1921 et furent ensuite unies à celle de Saint Michel en 1970 pour ne former qu'une seule et même fête dont la célébration est fixée au 29 septembre. Quant aux anges gardiens, une fête propre fait son apparition au XVIe siècle en Espagne et en France. Clément XI, en 1667, fixa leur fête au premier dimanche de septembre, mais conformément aux vœux de Ferdinand II, la fête sera reportée au 2 octobre. Aujourd'hui encore, les anges sont fêtés le 2 octobre par le calendrier romain.

- **Comment est né la fête liturgique des anges gardiens en France ?**

En France, le bienheureux François d'Estaing (1460-1529), évêque de Rodez, fut le principal artisan de la célébration liturgique des anges gardiens. En effet, il fit rédiger un Office en l'honneur des Saints Anges Gardiens par un franciscain, Jean Colombi, et cet Office fut approuvé par le pape Léon X, le 18 avril 1518. L'évêque François d'Estaing veut démontrer le bien-fondé de la fête des anges gardiens et il donne ses arguments en faveur d'une célébration solennelle en leur honneur : « Telle est la dignité de nos âmes, que chaque homme dès le premier moment de sa naissance reçoit un ange délégué à sa garde, et ainsi la nature humaine, qui par ses fautes avait perdu le droit à la félicité éternelle, se trouve placée sous la tutelle des saints anges et arrive, par leur secours, au royaume éternel. Mû par ces considérations, nous avons trouvé convenable et nécessaire de ne pas borner nos hommages à la Toute-Puissance divine qui régit ce monde, à la Vierge Mère de Dieu, mais de les adresser aussi à ses fidèles serviteurs les anges, qui se réjouissent de notre conversion et la célèbrent par des jours de fête, dit le saint évangile, mais surtout aux très saints esprits que nous savons être députés à notre sauvegarde, qui veillent sur nous pendant notre sommeil, nous assistent dans notre prière, nous défendent sur terre et sur mer, purifient notre esprit et notre corps, nous provoquent à la vertu, élèvent nos pensées vers Dieu, nous consolent dans nos peines et nos épreuves, quand nous sommes sous les étreintes de la maladie et de la mort prochaine, nous font visite, nous fortifient, nous défendent contre l'esprit du mal, et après nous avoir donné la victoire, nous accompagnent au ciel ou au purgatoire. Sans ce secours providentiel, l'infirmité humaine ne saurait être en sécurité.

C'est pourquoi nous voulons honorer par une fête solennelle, par une tendre dévotion et des sacrifices, ceux dont le Dieu tout-puissant se sert pour l'exécution de ses volontés. Après avoir institué autrefois, quand nous nous occupions de la réforme du calendrier, la fête de l'ange propre et avoir obtenu pour elle la confirmation apostolique, poursuivant aujourd'hui cette pieuse entreprise, nous voulons, d'accord avec notre chapitre, que cet office soit un office canonial ; il sera porté avec ce titre sur la table du chœur, et tous les ans sera célébré par un des archidiacres, ou le chantre, ou le sacriste, ou l'ouvrier, ou l'un des chanoines[18]. »

---

18. Belmon C., *Le Bienheureux François d'Estaing (1460-1529)*, ch. IV, Rodez, 1924, p. 396.

QUATRIÈME PARTIE

LES ANGES DANS LA VIE SPIRITUELLE

CHAPITRE I

Les anges : nos guides spirituels

• Pourquoi Dieu nous a-t-il donné un ange gardien ?

Si Dieu nous donne un ange gardien, c'est parce qu'il nous aime et prend soin de nous. Dieu connaît notre faiblesse, il sait que notre volonté est affaiblie par nos passions et que souvent : « Je ne fais pas le bien que je veux et commets le mal que je ne veux pas » (Rm 7, 19). Pour Saint Thomas, « l'homme peut plus ou moins éviter le mal, mais insuffisamment, car son amour du bien est affaibli par les multiples passions de l'âme. C'est pour cela qu'il fut nécessaire de désigner des anges pour garder les hommes, afin de les diriger et de les pousser au bien. L'homme a donc besoin d'être gardé par un ange[1]. » Dieu nous donne l'assistance des anges non seulement pour nous protéger des dangers de la route, mais aussi pour nous guider dans

1. Saint Thomas d'Aquin, *Somme Théologique*, I, Q. 113, art. 1. rep.

les difficultés que nous rencontrons dans notre vie spirituelle. L'ange nous soutient dans la tentation, nous rappelle l'heure de la prière, nous inspire de bonnes pensées et de bonnes actions à accomplir, tourne notre cœur vers Dieu et lui présente nos prières. Nos amis du ciel sont un des principaux canaux par où l'amour de Dieu déverse ses bienfaits sur les hommes. Les anges sont donc au service de Dieu, si aimant, dont la volonté est d'accomplir en l'homme les desseins de son Amour. « L'homme, note le Cardinal de Bérulle, est un néant environné de Dieu, indigent de Dieu, capable de Dieu, et rempli de Dieu, s'il veut[2]. » Mais souvent l'homme n'arrive pas par lui-même à choisir le bien et à orienter son cœur, son intelligence et sa volonté vers Dieu. Ce sont les anges qui l'aideront à devenir « capable de Dieu » : capable de l'aimer et de se laisser aimer par la tendresse infinie du Père. Nous voyons comme il est important d'invoquer l'aide de nos célestes ambassadeurs, car, comme disait le Cardinal Journet, « les anges se révèlent, mais à ceux qui les aiment et les invoquent[3] ». S'approcher des anges, c'est donc aussi s'approcher de Dieu.

---

2. Cardinal de Bérulle, *Opuscule de piété*, éd. Aubier, p. 119.
3. Journet C., cité par Huber G., *op. cit.*, p. 128.

- **Quelle est l'aide spirituelle que les anges nous apportent ?**

D'après l'enseignement des Pères, les anges nous apportent une aide spirituelle dans tous les domaines et selon nos besoins : ils initient les âmes aux mystères de Dieu, ils les éclairent de la lumière éternelle, leur apprennent la science des choses divines, les mettent en garde contre certains défauts ; les reprennent de leurs imperfections, ils les encouragent, les consolent, les stimulent, les forment et les instruisent.[4] Les anges savent exactement quelles sont nos nécessités spirituelles et connaissent aussi nos faiblesses et nos chutes : ils nous aident à nous relever, fortifient notre volonté, nous apportent des joies spirituelles pour nous encourager dans le cheminement spirituel, nous disposent à la prière et à la rencontre avec Dieu. Laissons-nous donc porter sur les ailes des anges car « seules les âmes qui s'abandonnent à la conduite de leurs anges, qui vivent familièrement avec eux, qui les aiment, les honorent et les invoquent avec confiance, peuvent dire la puissance, la bonté et la généreuse délicatesse de ces divins semeurs de perfection[5] ».

---

4. Cf. Origène, In Num., Hom. 14, 2. PG., 12, 680 B.
5. Dühr J., art. Ange, in *Dictionnaire de spiritualité*, col. 623.

- **Cette aide spirituelle est-elle continuelle ?**

Oui, les anges nous assistent et nous accompagnent continuellement aussi bien dans notre vie matérielle que dans notre vie intérieure. Ces messagers divins ne se lassent jamais de nous conduire et de nous protéger jusqu'à ce que nous les rejoignions dans la béatitude du ciel. Le Bienheureux François d'Estaing, évêque de Rodez, résume très bien l'aide spirituelle que les anges nous apportent tout au long de notre vie : « Les anges se réjouissent de notre conversion et la célèbrent par des jours de fête, dit le saint Évangile. Mais nous devons rendre nos hommages surtout aux très saints esprits que nous savons être députés à notre sauvegarde, qui veillent sur nous pendant notre sommeil, nous assistent dans notre prière, nous défendent sur terre et sur mer, purifient notre esprit et notre corps, nous provoquent à la vertu, élèvent nos pensées vers Dieu, nous consolent dans nos peines et nos épreuves, quand nous sommes sous les étreintes de la maladie et de la mort prochaine, nous font visite, nous fortifient, nous défendent contre l'esprit du mal, et après nous avoir donné la victoire, nous accompagnent au ciel ou au purgatoire[6]. »

Dans la prochaine question, nous verrons que les anges se comportent avec nous comme le feraient les aînés pour leurs petits frères, les anges nous entourent

6. Belmon C., *Le Bienheureux François d'Estaing, évêque de Rodez (1460-1529)*, Rodez, 1924, p. 396.

de leur protection et de leur amour ; ils nous conduisent avec une douceur qui n'exclut pas une certaine fermeté…

- **Est-il vrai que les anges nous aident à corriger nos défauts ?**

Oui, par leurs bonnes inspirations, les anges nous aident à devenir meilleurs, à vivre chrétiennement et à éviter le péché. Ils nous soutiennent dans les moments de tentation et renforcent en nous le bien. Ce sont de vrais guides spirituels ! Plusieurs mystiques comme Sainte Marguerite de Cortone ou Sainte Françoise Romaine ont eu le privilège de bénéficier de la conduite de leurs anges gardiens. Ces derniers, en effet, leur servaient de guides spirituels tout au long de leur vie, et parfois, dans leur empressement à les faire progresser dans la voie de la sainteté, n'hésitaient pas à recourir aux méthodes fortes… Voici un exemple qui tombe à point pour illustrer l'adage « qui aime bien châtie bien » : « Un jour que Françoise reçoit des amis dans son salon, la conversation vient à déraper, et on se met à médire de tel et tel. En bonne maîtresse de maison, Françoise veille d'habitude à réfréner ces écarts de langage, mais cette fois elle ne dit rien : aussitôt, le claquement d'un soufflet magistral retentit et tous voient, bien imprimée sur la joue de l'hôtesse, la marque écarlate d'une gifle. D'une poigne vigoureuse, l'ange est intervenu pour la rappeler à ses devoirs. Il ne lui passe rien, car il est chargé de purifier son âme de toute imperfection, afin de la disposer à l'union avec Dieu[7]. » Si l'exemple de la correction « fraternelle » imposée par l'ange gardien à Sainte Françoise Romaine peut surprendre, sachez que les anges conduisent avec douceur et respect ceux qui se confient à eux. Que les lecteurs se rassurent : si les anges qui distribuent les paires de baffes aux médisants étaient encore chargés de mission, par les temps qui courent ça se saurait !

- **Sont-ils des médiateurs entre Dieu et les hommes ?**

Il n'y a qu'un seul et unique médiateur entre Dieu et les hommes, c'est le Christ. Ceci dit, il n'est pas faux de dire que les anges sont des médiateurs de la lumière divine : ambassadeurs entre le ciel et la terre, médiateurs dans l'ordre cosmique, ces messagers sont envoyés par Dieu sur la terre pour conduire les hommes ou pour leur faire connaître la volonté divine, tandis que les hommes, de leur côté, invoquent l'intercession des saints anges et les chargent de porter leur prière vers Dieu. Le Cardinal Journet, par cette belle expression, veut illustrer le lien qui existe entre l'invocation de l'ange par les hommes et son assistance : « Nos besoins montent sur les ailes de la prière, et le secours de Dieu

7. Bouflet J., *Encyclopédie des phénomènes extraordinaire dans la vie des mystiques*, éd. Le jardin des livres, t. III, Paris, 2003, p. 147.

descend sur les ailes de l'ange[8]. » Tels des moissonneurs infatigables, les anges recueillent dans notre cœur nos bonnes pensées, nos bons désirs, nos bonnes actions et nos prières, heureux de porter sans cesse vers Dieu le fruit de leur récolte.

- **Sont-ils des modèles à imiter ?**

Les Pères nous ont très souvent proposé d'imiter ceux qu'Origène appelle : les « parfaits imitateurs de Dieu[9] ». On ne peut pas chercher à vouloir imiter les anges sans se heurter à cette moquerie bien connue : « Qui veut faire l'ange fait la bête », mais alors, que faire ? Ne serait-ce pas plus facile pour nous de chercher à imiter les saintes âmes qui ont vécu sur la terre et qui nous ont laissé d'admirables témoignages d'amour de Dieu et du prochain ? Et même dans ce cas, il n'est pas simple de suivre l'exemple de ceux qui ont mené une vie si héroïque ! La fidélité des anges envers Dieu, leur empressement à servir et la pureté de leurs prières nous invitent à grandir toujours davantage dans le don de nous-mêmes, envers Dieu et envers nos frères. Pour ne point faire obstacle à la manifestation de Dieu lui-même, les esprits angéliques s'effacent complètement dans la gloire de Dieu pour n'être que les serviteurs de cette manifestation de pure Lumière qu'est Dieu (Jn 5, 35). Un tel effacement

---

8. Journet Ch., cité par Huber G., *op. cit.*, p. 128.
9. Origène, *Contra Celsius*, V, 4. PG., 11, 1155 B, D.

d'amour, un détachement de soi, une telle humilité au service de Dieu et des ses créatures nous bouleversent et révèlent en nous ce monde d'égoïsme qui divise notre cœur. Quelle gratitude ne devrions-nous pas manifester à l'égard de nos célestes pédagogues qui nous conduisent dans les voies de Dieu, nous soutiennent dans nos difficultés, nous préservent des pièges du Malin, nous tracent le chemin vers la liberté et nous ouvrent les portes de l'éternité ! Leur existence même nous révèle que la vraie liberté et la totale félicité n'est qu'en Dieu, et s'ils se cachent dans la lumière qu'ils apportent, c'est pour nous faire comprendre que le Royaume est réservé à ceux qui savent se faire petits et humbles comme eux.

CHAPITRE II

Les anges psychopompes

• Qu'est-ce qu'un ange psychopompe ?

Ce mot un peu « pompeux » sert à désigner l'ange qui assiste les mourants, recueille l'âme au moment du dernier soupir et la conduit au ciel. Origène s'appuie probablement sur l'Évangile (Lc 16, 22) pour affirmer qu'« au moment de la mort, l'ange gardien, le psychopompe céleste, recueille l'âme qui quitte le corps[1] ». Saint Alphonse de Liguori (1696-1787) va dans le même sens et dit que « la sainte Église prie pour que les anges accueillent et accompagnent au paradis l'âme qui se sépare du corps[2] ». L'archange Saint Michel est l'ange psychopompe par excellence : « Quelques maîtres spirituels expliquent que c'est à saint Michel que revient l'honorable charge de présenter au Christ, Juge de toutes les âmes, celles qui quittent cette terre dans la grâce de Dieu[3]. » L'iconographie, en

---

1. Origène, *In Jo.*, t. XIX, 4. PG, 14, 554 C- 555 A.
2. Saint Alphonse de Liguori, *La voie du salut. Méditations pour la fête de Saint Michel*, Œuvres ascétiques X, 1968, pp. 263-264.
3. *Ibid.*

effet, le représente avec un glaive et une balance dans les mains pour la pesée des âmes. Dans *Les Gloires de Marie,* (chap. II) Saint Alphonse écrit : « Selon saint Bonaventure, quand un serviteur de Marie est sur le point de mourir, elle lui envoie saint Michel et tous les anges dont il est le chef, afin qu'ils le défendent contre les attaques des démons ; elle les charge de recevoir les âmes de tous ceux qui ont eu l'heureuse habitude d'implorer avec ferveur sa maternelle protection. »

- **Est-il vrai que les anges assistent les hommes au moment de la mort ?**

Oui, Dieu envoie ses anges pour assister les hommes au moment du trépas. La mort, c'est le passage du temps à l'éternité. Moment décisif et angoissant, que le démon peut exploiter pour jeter le trouble dans les âmes. L'assaut est d'autant plus redoutable que souvent le corps est débilité, les forces se consument et les facultés intellectuelles s'affaiblissent. Aussi l'Église, comme une tendre mère, s'émeut de la souffrance de ses enfants et invoque l'assistance des anges pour qu'ils soutiennent la volonté et la foi de ceux qui sont arrivés au seuil de la mort *(Prière des agonisants)* et conduisent au ciel ceux qui meurent dans le Seigneur *(Rituel des funérailles)*.

Dans *« Les gloires de Marie »* (Chap. 1) Saint Alphonse rapporte l'histoire touchante d'un jésuite nommé Guillaume Elphinstone qui, gravement malade, prononça ses vœux religieux sur son lit de mort et rendit l'âme aussitôt après : « Oh ! s'écriait-il, quelle gloire de mourir environné de tous ces anges ! » Comme on l'exhortait à prendre un peu de repos, il répondit : « Ah ! ce n'est pas le moment de me reposer, maintenant que la fin de ma vie approche. » Au moment de mourir, il dit à ceux qui étaient présents : « Mes frères, ne voyez-vous pas ici les anges du ciel qui m'assistent ? » Un des religieux, l'ayant entendu prononcer quelques mots à voix basse, lui demanda ce qu'il disait. Il répondit que son ange gardien lui avait révélé qu'il n'aurait que fort peu de temps à passer en purgatoire, et qu'il entrerait bientôt dans le ciel. Il reprit ensuite ses doux entretiens avec Marie, sa Mère bien-aimée ; et, en répétant "Ma Mère ma Mère !" comme un enfant qui s'endort dans les bras de sa mère, il expira paisiblement.

CHAPITRE III

Les anges dans la vie des saints et des mystiques

- **Est-il vrai que les saints et les mystiques vivaient en compagnie des anges ?**

Oui, c'est vrai, on peut même dire qu'ils vivaient constamment en leur compagnie et qu'ils affectionnaient particulièrement leur ange gardien. Essayons d'imaginer la joie et la reconnaissance qu'ils témoignèrent envers Dieu pour leur avoir donné de tels compagnons de route durant leur vie passée sur la terre. Par leur douce présence, les saints perçoivent comme un avant-goût du ciel : ils se sentent proches de la Vierge Marie, de Saint Joseph et de tant d'autres grands personnages qui ont reçu la visite d'esprits célestes. Les saints vivent sous le regard de leur ange comme sous le regard de Dieu lui-même. Saint Bernard rappelle à l'homme qu'il vit constamment sous le regard de son ange : « En n'importe quelle auberge, n'importe quel réduit, respecte ton ange ! Lui présent, oserais-tu encore faire, ce que tu ne ferais pas si je te voyais… Ils sont là, oui ! Ils sont là à ton service, non seulement avec toi, mais pour toi[1]. »

- **Les auteurs spirituels nous ont-ils laissé de nombreux écrits sur les anges ?**

Oui, les auteurs spirituels nous ont laissé de très nombreux écrits sur les anges, surtout à l'époque patristique et médiévale. Mais, comme vous le constaterez en lisant les textes qui sont ajoutés à la fin du volume (Appendice II : Les plus beaux textes sur les anges), j'ai choisi de publier des auteurs de toutes générations, du IIIe au XXe siècle, pour faire connaître la variété et la beauté des textes qu'ils nous transmettent. Cette expérience spirituelle, vieille de vingt siècles, passée en la compagnie des saints anges, peut certainement nourrir notre foi et notre prière. Plus que Saint Thomas qui disserte philosophiquement sur la nature des anges, ce sont les auteurs spirituels ou les mystiques qui parlent le mieux des anges. Pour cela nous leur avons réservé ce chapitre.

- **Mais faut-il toujours croire à ce que disent les mystiques ?**

Les écrits des mystiques se fondent sur une expérience spirituelle, qui est personnelle, qui n'engage pas la foi, mais que l'Église reconnaît comme étant le signe

1. *Entre ciel et terre : les anges*, in Fête & Saisons, éd. du Cerf, Paris, n° 520, déc. 1997, p. 20.

d'une intimité profonde et particulière avec Dieu. Ce qui engage la foi provient de la Révélation, mais en aucune façon des révélations dites privées. L'expérience des mystiques n'apporte donc aucune vérité nouvelle quant au dépôt de la foi, quant au contenu de la Révélation, mais doit être comprise comme un vivant témoignage de la Parole de Dieu, qui est la source de la Révélation. Toute grâce mystique est un pur don d'amour de la part de Dieu et lui seul peut en faire bénéficier certaines âmes privilégiées, et en certaines circonstances de leur vie. Rappelons encore que les anges sont des envoyés de Dieu et en tant que tels n'agissent pas de leur propre initiative dans leurs relations avec les hommes.

- **Est-il vrai qu'aujourd'hui il y a de nombreux faux mystiques ?**

Oui, il y en a toujours eu, même à l'époque du Christ. C'est pour nous mettre en garde qu'il disait aux disciples : « Il surgira en effet des faux Christs et des faux prophètes et qui opéreront des signes et des prodiges pour abuser, s'il était possible, les élus. Pour vous, soyez en garde : je vous ai prévenus de tout » (Mc 13, 22-23). À notre époque, beaucoup de faux mystiques affirment qu'ils voient ou parlent avec leur ange gardien et qu'ils reçoivent des messages de sa part. Il faut donc rester vigilant et n'accepter que les écrits reconnus par l'Église. Ce n'est évidemment pas le cas de Vassula Ryden qui remplit d'innombrables cahiers sous la dictée de son ange Daniel ou pour d'autres qui prônent des doctrines en contradiction avec l'Évangile et l'enseignement du Magistère. Le 29 novembre 1996, le Cardinal Ratzinger publia un communiqué de presse, dans lequel il confirmait l'absolue validité de la Notification de 1995 à l'encontre de Vassula et rappella que personne ne peut librement diffuser dans l'Église des messages de supposées révélations qui n'ont pas été approuvées, et que les fidèles ont l'obligation morale de ne pas lire, ni diffuser des écrits qui peuvent mettre en danger la foi.

- **Comment distinguer les bons des mauvais esprits ?**

> « Bien-aimés, ne vous fiez pas à tout esprit, mais éprouvez les esprits pour voir s'ils viennent de Dieu, car beaucoup de faux prophètes sont venus dans le monde » (1 Jn 4, 1).

Commençons par une petite devinette :

– Qu'est-ce qui ressemble le plus à un billet de banque ?

– Réponse : un faux billet !

Il en va de même pour le monde angélique. Saint Jean nous recommande d'« éprouver les esprits » car le démon est un menteur et un faussaire qui aime se déguiser, tel un loup sous une peau d'agneau. Il ruse constamment avec les hommes et réussit même à se faire passer pour un bon ange, à l'image de ce qui arriva au Père Marie-Eugène (1894-1967). Ce religieux carme, prêchait un jour une retraite dans un Carmel. On l'avertit qu'une moniale désire le rencontrer au parloir. Il s'y rend et se trouve en face d'une religieuse ayant une ressemblance parfaite avec sainte Thérèse de l'Enfant-Jésus. Elle se met à faire au Père toutes sortes de compliments, le félicitant de ses sermons, l'assurant qu'il deviendra un grand prédicateur, etc. Plus elle parle, plus il se sent mal à l'aise. Il se décide à lui poser une question : « Ma sœur, qu'est-ce que l'humilité ? » À ces mots, la religieuse disparaît comme par enchantement ; le Père Marie-Eugène reconnaît alors le démon. Ainsi, parfois, celui-ci se transforme-t-il en ange de lumière et suggère-t-il d'abord à l'âme des pensées bonnes et saintes, mais qui finissent par le trouble, l'inquiétude et l'orgueil. Or, les anges de Dieu ne peuvent rien faire ou dire de contraire à la Révélation contenue dans l'Écriture et à l'enseignement du Magistère qui en découle. En d'autres termes, si un ange vient révéler quelque chose de contraire à la foi, on est certain d'avoir affaire avec un ange qui ne vient pas de Dieu. Le rappel à la prudence et au discernement, recommandé par Saint Jean, ne s'applique pas uniquement aux mystiques ou à ceux qui auraient eu des expériences avec l'au-delà, mais aussi à la vie spirituelle de tout chrétien. Saint Ignace de Loyola et bien d'autres auteurs abordent la délicate question du *discernement des esprits* pour nous aider à reconnaître la présence du bon ange et celle du malin, car l'un et l'autre peuvent avoir une influence sur nous, sur nos sens, nos émotions, notre imagination… Un moine égyptien, Antoine (251-356), qui eut maille à partir avec les démons, fut un des premiers à traiter du discernement des esprits. Écoutons les conseils qu'il donnait à ses moines : « On peut facilement distinguer la présence des bons anges et des mauvais, si Dieu donne cette grâce. La vue des bons n'apporte pas de trouble. Ils ne crient pas, on n'entend pas leur voix, mais leur présence est si douce qu'elle remplit soudain l'âme de joie, d'allégresse et de courage. Car avec eux est le Seigneur, qui est notre joie, et la puissance de Dieu le Père. Les pensées de l'âme demeurent sans trouble et sans agitation. Illuminée, elle voit par elle-même les apparitions. Le désir des biens futurs s'empare d'elle, et elle voudrait s'unir entièrement à eux et les suivre dans le ciel. Et si, parce qu'ils ne sont que de faibles hommes, certains redoutent la vue des bons esprits, ceux-ci apparaissant, remplacent par l'amour la crainte qu'on a d'eux. Mais de la venue et de l'apparition des mauvais anges naît le trouble. Ils viennent avec du bruit, avec des cris comme en poussent des gamins mal élevés ou des brigands. Ceci produit aussitôt frayeur dans l'âme, confusion et trouble dans les pensées, rend le visage triste, donne du dégoût pour l'ascèse, remplit de chagrin, rappelle le souvenir de nos proches, engendre la crainte de la mort et des désirs mauvais. Lors donc que vous voyez quelque apparition qui vous étonne, si la peur n'est pas aussitôt enlevée, et si à sa place ne se produisent pas une grande joie, confiance, réconfort et tranquillité des pensées et les autres mouvements intérieurs dont j'ai parlé : force d'âme et amour de Dieu, ayez courage et priez ; la joie et l'état de l'âme témoignent de la sainteté de celui qui se rend présent. Ainsi Abraham, voyant le Seigneur, exulta, et Jean tressaillit de joie quand la Mère de Dieu, Marie, eut parlé. Mais si, lorsque certains apparaissent, il se produit du trouble et du bruit au-dehors, et un goût du monde, et la crainte de la mort, sachez que c'est la venue des mauvais[2]. »

- **Les anges sont-ils réellement apparus aux saints et aux mystiques ?**

Oui, certains saints ou âmes mystiques ont eu la vision des esprits célestes, mais ces apparitions, sans être rares, restent tout de même exceptionnelles, comme l'atteste Saint Thomas : « Parfois, en dehors de la loi commune, les anges apparaissent aux hommes, cela vient d'une grâce spéciale de Dieu, comme les miracles accomplis en dehors de l'ordre de la nature[3]. » Les chroniques du Moyen Âge rapportent que les anges visitaient souvent les mystiques et leur communiquaient une joie si profonde qui allait jusqu'à l'extase : au XIIe siècle, les visions

---

2. http://users.skynet.be/am012324/studium/bresard/Antoin02.htm

3. Saint Thomas d'Aquin, *Somme Théologique*, Q. 113, art. 1, s. 3.

d'Hildegarde de Bingen sont peuplées d'anges ; au XIIe siècle, un séraphin crucifère apparaît à Saint François d'Assise pour le marquer des stigmates de la Passion du Christ ; au XIVe siècle, Sainte Jeanne d'Arc se met en marche pour défendre la France après avoir entendu la voix de Saint Michel archange. Ces âmes privilégiées qui ont été invitées par Dieu à contempler le monde angélique ont été frappées d'émerveillement à la vue de ces anges qui leur apparaissaient, brillants, lumineux et éblouissants par leur beauté. Ainsi raconte-t-on de Sainte Mechtilde de Hackeborn (1240-1298) : « Elle les voit, telle une muraille lumineuse, défendre l'Église. Ils chantent l'union de son âme avec Jésus, tandis que Melchisédech touche la harpe : « Louons le Roi des rois, Dieu Un et Trois, qui t'a choisie pour son épouse et pour sa fille[4] ! » Parmi de nombreux témoignages écrits – souvent peu fiables ou fantaisistes – j'ai choisi de publier quelques textes qui relatent des faits surnaturels, reconnus comme d'authentiques phénomènes mystiques :

Sainte **Marguerite de Cortone** (1247-1297) reçut à plusieurs reprises la visite de Séraphins : « La nuit qui précédait la fête de Sainte Claire, la Bienheureuse, se trouvant en oraison, vit apparaître un ange avec six grandes ailes qui daigna la bénir et

---

4. Dom Besse, *Les mystiques bénédictins, des origines au XIIIe siècle*, Paris, Desclée de Brouwer, 1922, collection « Pax », vol. VI, p. 214.

exciter en elle les sentiments de l'amour le plus pur à l'égard de son Époux céleste. L'abondance de cette consolation fut si grande que son cœur en fut inondé, et qu'elle apparut sur les traits de son visage. Elle ne put contenir sa joie pendant toute la nuit ; car cet ange la visita plusieurs fois. Elle en ressentit une telle ardeur dans son cœur, qu'elle était toute flamme pour aimer son Dieu, avec la même ferveur dont il est aimé par les Séraphins du ciel[5]. »

Saint **Pascal Baylon** (1540-1592), un autre berger espagnol devenu également franciscain, se distinguait par une semblable piété. Dès l'âge de douze ans, il aimait s'isoler pour prier : « Tout en gardant ses brebis, il sculpta un jour un crucifix très bien réalisé et y accola une image de la Vierge. Il le plantait dans le sol en guise d'oratoire ambulant. S'il n'abandonna jamais son troupeau pour se rendre à l'église, il n'en participait pas moins par la pensée et par le cœur à la messe qui se célébrait dans l'église voisine. Et les anges favorisaient de façon étonnante sa piété eucharistique : un jour où la cloche de la paroisse annonçait l'élévation, un ange lui apparut, qui présentait l'hostie à son adoration. Une autre fois, il vit des anges soutenir un ostensoir renfermant une hostie

---

5. Marchese F., *Vie de Sainte Marguerite de Cortone, du tiers-ordre de Saint François, d'après les actes de sa canonisation*, éd. Delsol, Paris, 1868, p. 277.

éblouissante de blancheur. Signes précurseurs de sa profonde dévotion eucharistique, et de sa vocation particulière d'adorateur et d'apôtre du Saint Sacrement. Devenu frère convers franciscain, il étonna ses contemporains par les manifestations extraordinaires de sa vie intérieure – lévitations spectaculaires, accompagnées parfois de phénomènes lumineux –, par ses charismes de lecture des cœurs, de prophétie et de guérison, mais plus encore par ses éminentes vertus, qui lui valurent d'être canonisé en 1691[6].

La Bienheureuse **Marie-Angèle** Astorch (1592-1665), capucine, parle de son expérience de la présence de l'Ange Gardien : « Dès l'instant où je sentis sa présence, il s'opéra un tel changement dans mon esprit qu'on peut dire que je vivais en moi-même tout en étant hors de moi-même. Il remplit mes facultés d'une grande noblesse, mon cœur d'un réconfort très doux, et par une patiente opération il fortifia mon esprit tout entier. Il laissa en moi une telle empreinte, une gratitude si humble et si tendre que je ne connaissais plus les faiblesses des créatures, toutes les passions s'étaient retirées ; une telle pureté de conscience et une telle mortification des sens que je n'avais plus à les vaincre grâce à la puissance de cette miséricorde[7]. »

---

6. Ramala P., *San Pascual Baylon, hermano y amigo de todos*, Éd. « Provincia Franciscana de Cataluña, Barcelona » 1980, p. 28.
7. Klee V., *Les plus beaux textes sur les Saints Anges*, Nouvelles Éditions latines, Paris, 1984.

Sainte **Catherine Labouré** (1806-1876), fille de la Charité, canonisée en 1947, témoigne de l'apparition de son ange gardien : « À 11 heures et demie du soir, je m'entendis appeler par mon nom : "Ma sœur, ma sœur, ma sœur". M'éveillant, j'ai regardé du côté où j'entendais la voix qui était du côté du passage ; je tire le rideau, je vois un enfant habillé de blanc, âgé à peu près de quatre à cinq ans, qui me dit : "Venez à la chapelle, levez-vous en diligence et venez à la chapelle, la sainte Vierge vous attend." Aussitôt la pensée me vient : "Mais on va m'entendre." Cet enfant me répond : 'Soyez tranquille, il est 11 heures et demie, tout le monde dort bien, venez, je vous attends'. Je me suis dépêchée de m'habiller et je me suis dirigée du côté de cet enfant qui était resté debout sans avancer plus loin que la tête de mon lit. Il m'a suivie ou plutôt je l'ai suivi, toujours sur ma gauche, portant des rayons de clarté partout où nous passions, ce qui m'étonnait beaucoup. Mais bien plus surprise lorsque je suis entrée dans la chapelle, la porte s'est ouverte, à peine l'enfant l'avait touchée du bout du doigt. Mais ma surprise a été encore plus complète quand j'ai vu tous les cierges et les flambeaux allumés, ce qui me rappelait la messe de minuit. Et cependant je ne voyais point la Sainte Vierge. L'enfant me conduisit dans le sanctuaire, à côté du fauteuil de Monsieur le Directeur, et là je me suis mise à genoux, et l'enfant est resté debout tout le temps. Comme je trouvais le temps long, je regardais si les veilleuses ne passaient pas par la tribune.

Enfin, l'heure est arrivée, l'enfant me prévient, il me dit : "Voici la sainte Vierge, la voici." J'entends comme un bruit, comme le frou-frou d'une robe de soie… qui venait se poser sur les marches de l'autel du côté de l'évangile, dans un fauteuil pareil à celui de Sainte Anne… Je doutais si c'était la Sainte Vierge. Cependant l'enfant qui était là me dit : "Voici la Sainte Vierge." À ce moment, il me serait impossible de dire ce que j'ai éprouvé, ce qui se passait au dedans de moi, il me semblait que je ne voyais pas la Sainte Vierge… C'est alors que cet enfant me parla, non plus comme un enfant, mais comme un homme le plus fort et les paroles les plus fortes. Alors regardant la Sainte Vierge, je n'ai fait qu'un saut auprès d'elle, à genoux sur les marches de l'autel, les mains appuyées sur les genoux de la Sainte Vierge… Là, il s'est passé le plus doux moment de ma vie, il me serait impossible de dire tout ce que j'ai éprouvé[8]. »

Maria Della Passione Tarallo (1866-1912), servante de Dieu et stigmatisée. Cette religieuse de l'institut des Sœurs Crucifiées Adoratrices de l'Eucharistie entretenait avec son ange gardien une

---

8. Sainte Catherine Labouré, in *Une lumière sur la terre : le message de Marie à Sainte Catherine Labouré*, éd. du Signe, Strasbourg, 1996, pp. 11-12.

profonde intimité. Il priait avec elle, et surtout il lui facilitait la participation à l'office divin lorsque, devenue infirme, elle avait la plus grande peine à se déplacer. Un témoin raconte : « Je me rappelle une nuit où je suivis la servante de Dieu qui se rendait au chœur pour la récitation des matines. Le corridor et les escaliers étaient plongés dans l'obscurité, et pourtant je vis une lumière extraordinaire qui la précédait, jusqu'à ce que nous fûmes arrivés au chœur. Je lui dis : "Alors, Maria Passione, vous vous promenez ainsi sans lumière la nuit ? Il pourrait vous arriver quelque désagrément, vous pourriez tomber !" Elle répondit avec simplicité : "Ne craignez rien, nous avons à nos côtés notre ange gardien qui nous guide." J'interrogeai : "Quelle était cette lumière qui vous a précédée jusqu'au chœur ?" Elle se contenta de sourire, sans répondre. Je fus convaincue que c'était son ange gardien qui l'accompagnait et la conduisait[9]. » L'ange gardien l'éveillait aussi la nuit pour les matines : « Toujours à propos de l'ange gardien, je demandai un jour à la servante de Dieu comment faire pour m'éveiller à l'heure précise, afin de remplir mes obligations. Elle me répondit : "Oh, ce n'est pas bien difficile. Avant de t'endormir, récite trois Gloria Patri à l'ange gardien, en lui

9. Frangipane D., *La serva di Suor Maria della Passione, della Crocifisse Adoratrici di Gesù Sacramentato (1866-1912)*, San Giorgio a Cremano, Suore Crocifisse Adoratrici di Gesu Sacramentato, 1949, p. 169.

précisant l'heure à laquelle tu souhaites être réveillée le matin !" En vérité, j'émis quelques doutes sur l'efficacité de cette démarche, mais elle m'y encouragea avec fermeté. De fait, dès ce jour et maintenant encore, lorsque j'adresse à Dieu trois Gloria Patri en union avec mon ange gardien, je m'éveille à l'heure précise que j'ai indiquée à celui-ci[10]. »

- **Padre Pio n'avait-il pas recours à un procédé comparable ?**

Oui, c'est ce qu'il affirme lui-même dans une lettre datée du 14 octobre 1912 : « La nuit encore, au moment de fermer les yeux, je vois descendre le voile et s'ouvrir à moi le paradis ; et, apaisé par cette vision, je m'endors en un sourire de douce béatitude sur les lèvres et un calme parfait sur le front, attendant que le petit compagnon de mon enfance vienne m'éveiller, afin qu'ensemble nous entonnions les louanges matinales au Bien-Aimé de nos cœurs[11]. »

- **Est-il vrai que les apparitions de la Vierge Marie sont précédées par celle d'un ange ?**

Non pas toujours, mais quelquefois, il en est ainsi. L'ange – qui est un envoyé de Dieu – dispose les voyants à la rencontre avec la Vierge Marie : il leur

10. *Ibid.*, p. 169-170.
11. Padre Pio de Pietrelcina, *Epistolario I, op. cit.*, p. 308.

évite d'avoir peur et les prépare à la vision et au message qu'ils recevront. Voici deux exemples :

– À Paris, le 19 juillet 1830, l'ange gardien apparaît à Sainte Catherine Labouré à la Rue du Bac.

– À Fatima, au Portugal, un an avant la première apparition de la Vierge Marie, le 13 mai 1917, un ange apparaît à trois petits pâtres pour les préparer à rencontrer la Sainte Vierge.

- **Comment l'ange apparaît-il aux bergers de Fatima ?**

C'est au printemps 1916 qu'un envoyé du ciel est apparu aux trois bergers de Fatima, Lucie, Jacinthe et François pour les préparer spirituellement à l'apparition de la Vierge Marie : « Une lumière plus blanche que neige, au milieu de laquelle apparut la silhouette d'un jeune homme entièrement transparent pour la lumière, et plus radieux qu'un cristal qui reflète la lumière du soleil. Quand il se rapprocha, nous pouvions discerner ses traits de façon plus claire et plus nette. Nous étions dans l'admiration, saisis, comme subjugués. » L'ange rassure les enfants par ces paroles : « Ne craignez pas ! Je suis l'Ange de la Paix. Priez avec moi… » Les enfants étaient tellement saisis par cette présence que Lucie écrira plus tard : « La présence du surnaturel qui nous enveloppait était si intense, que nous avons oublié pour un certain temps que nous existions… La présence divine était si profonde et si forte en chacun de nous, qu'il ne nous est pas venu à l'idée d'en parler entre nous. Encore le jour suivant nous étions totalement plongés dans cette présence surnaturelle. La force de la présence de Dieu était si intense, qu'elle nous absorbait totalement en elle, et nous anéantissait presque. Il semblait qu'elle nous ravissait pour un certain temps l'usage des sens de notre corps. Durant ces journées nous étions comme dirigés par cet être surnaturel qui nous guidait. La paix et le bonheur que nous ressentions étaient immenses, mais tout intérieurs. Nos âmes étaient toutes plongées en Dieu[12]. »

Ces manifestations angéliques – dont certaines survenues à une époque récente – tendent à prouver que les anges sont encore et toujours, de par la volonté de Dieu, à notre service pour nous aider à progresser dans notre foi et à servir Dieu avec amour.

- **Qui est cet « ange de la paix » ?**

L'ange qui se présente aux enfants de Fatima en leur disant : « Ne craignez pas ! Je suis l'Ange de la Paix », reprend un des titres vénérables que la tradition patristique donnait aux anges. L'« ange de la paix » est celui qui communique la paix de Dieu dans les âmes et protège le voyageur, comme demande Saint Basile dans sa prière : « Nous prions le Dieu ami

12. Citations tirées du livre *Sœur Lucie parle de Fatima*, Propriété de la Confrérie des Anges Gardiens, Fatima, Portugal.

des hommes qu'il lui donne un ange de paix comme compagnon pour le secourir[13]. »

Saint Michel archange est appelé *Angelus pacis* par la liturgie, c'est-à-dire : ange de la paix.

---

13. Basile, *Épître* 94, 99.

CHAPITRE IV

Les anges adorateurs de l'Eucharistie

« Ô Esprits angéliques qui gardez nos tabernacles, où repose le gage adorable de la Sainte Eucharistie, défendez-la des profanations ! Et conservez-la à notre amour. »
Saint José Maria Escriva (1902-1975) : chemin 569

L'hymne grégorienne *Ecce Panis Angelorum* chante et acclame l'Eucharistie, à laquelle elle donne un nom si doux : le « pain des anges ». Les anges, en effet, se nourrissent de l'Eucharistie en adorant et en contemplant le Corps et le Sang du Christ qui ont été offerts sur l'autel « pour la gloire de Dieu et le salut du monde ». Les anges entourent l'autel, se prosternent et adorent la présence divine qui, pour eux, n'est pas cachée sous les espèces du pain et du vin. Dans leur désir de nous unir à leur louange, les anges nous portent à l'Eucharistie et nous aident à recevoir dignement « Celui qu'ils ne regardent qu'en tremblant, ou plutôt qu'ils n'osent regarder à cause de l'éclat qui en émane[1] ». Les anges ne nous conduisent pas seulement à l'Eucharistie par leur zèle et par leur amour, mais dans certains cas, ils portent eux-mêmes le « pain des anges » à certaines âmes privilégiées, comme par exemple, aux enfants de Fatima : « Dans la troisième apparition, à l'automne 1916, l'ange tenait un calice entre ses mains et une hostie au-dessus du calice ; des gouttes de sang tombaient de l'hostie dans le calice. L'Ange laissa planer le calice et l'hostie dans l'air, il se prosterna avec les enfants sur la terre et pria par trois fois avec eux la prière que voici : "Très Sainte Trinité, Père, Fils et Saint-Esprit, je vous adore profondément et je vous offre les très précieux Corps, Sang, Âme et Divinité de Notre Seigneur Jésus-Christ, présent dans tous les tabernacles du monde, en réparation des outrages, sacrilèges et indifférences par lesquels il est Lui-même offensé. Et par les mérites infinis de son Sacré-Cœur, et du Cœur Immaculé de Marie, je vous demande la conversion des pauvres pécheurs." Sur ce, l'Ange se redressa, saisit l'hostie qu'il donna à Lucie, tandis qu'il donna à boire le contenu du calice à François et à Jacinthe en disant : "Recevez le Corps et buvez le Sang de Jésus-Christ, horriblement outragés par l'ingratitude des hommes. Réparez leurs péchés, consolez votre Dieu !" Là-dessus, il se prosterna à

1. Saint Jean Chrysostome, Hom. 82 sur Mat. 5.

nouveau avec les enfants sur la terre, en reprenant trois fois la prière à la Sainte Trinité, puis il disparut[2]. »

Les sources des premiers siècles du christianisme et les *Acta Sanctorum* mentionnent plusieurs exemples de ces communions angéliques. Le moine Marc, ermite dans le désert de Scété, recevait ainsi l'eucharistie par le ministère des anges[3], de même que *Saint Onuphre*, ermite à la même époque (IVe siècle) dans le désert de Thébaïde[4] – il communiait miraculeusement le samedi ou le dimanche – et leur contemporain *Nil l'Ancien* (+ 430) reçut plus d'une fois l'eucharistie de la main d'un ange[5]. Les saints *Stanislas Kostka*[6] et *Gerardo Majella*[7], de pieuses femmes telles *Emilia Bicchieri* en Italie, *Ida* de Louvain en Flandre, et, à une époque plus récente sœur *Bertine Bouquillon* (1800-1850), religieuse hospitalière française, reçurent également la Communion de la main d'un ange.

---

2. Sœur Lucie parle de Fatima, *op. cit.*
3. Sozomêne, Hist. Eccl., VI, 29.
4. Vit. Patr., XI. PL., 173, 216 D.
5. AS. Sept., t. IV, p. 669.
6. Michel L., *Vie de saint Stanislas Kostka*, Desclée, 1893, p. 55-56.
7. Dunoyer P., *Saint Gérard Majella*, Paris, 1905, p. 10.

CHAPITRE V

Le culte des anges

> « Que chaque fidèle soit assisté d'un ange qui guide sa vie comme un pédagogue et un pasteur, personne n'y contredira, s'il se souvient des paroles du Seigneur, disant : Ne méprisez aucun de ces petits. »
>
> Saint Basile, Adv. Eunom. 1. III, P.G. 29, 656.

• Comment la dévotion envers les anges s'est-elle développée ?

L'origine du culte envers les anges remonte probablement au Ier siècle, dans la communauté des Esséniens de Qumrân. Ces juifs très pieux voulaient que leurs liturgies soient le reflet des liturgies angéliques du ciel et enseignaient que les hommes sur la terre vivaient sous le regard des anges. Après ce premier clin d'œil aux anges, Jésus révéla que le Père avait confié les petits à la protection de leur ange : « Gardez-vous de mépriser aucun de ces petits, car, je vous le dis, aux cieux leurs anges se tiennent sans cesse en présence de mon Père » (Mt 18, 10). Cette certitude que Dieu envoie les anges pour nous protéger donna ses premiers fruits dans le courageux témoignage de Justin au IIe siècle. Alors que les premiers chrétiens étaient accusés d'être athées, parce qu'ils refusaient de reconnaître les dieux païens de l'empire romain, Justin répondit ainsi à ses accusateurs : « Oui, nous l'avouons, nous sommes les athées de ces prétendus dieux [de l'État], mais nous croyons au Dieu très vrai, Père de justice, de la sagesse et des autres vertus, en qui ne se mélange rien de mal. Avec lui nous vénérons, nous adorons et nous honorons en esprit et vérité le Fils venu d'auprès de Lui, qui nous a donné ces enseignements, et l'armée des bons anges qui l'escortent et qui lui ressemblent, et l'Esprit prophétique[1]. » La dévotion envers les anges trouva un soutien prudent mais éclairé de la part des Pères de l'Église qui, tout en cherchant à éviter un culte qui se confonde avec les traditions païennes, enseignèrent aux chrétiens à aimer, à prier et à respecter ces messagers célestes que Dieu leur envoie. Les anges sont aussi les familiers du monde médiéval. Pour Saint Benoît (480-547), Saint Bernard (1090-1153), comme pour les moines d'Occident et d'Orient, l'idéal de la vie monastique était l'imitation des anges. Saint Anselme (1033-1109) disait à ses moines : « Prenez modèle sur les anges du ciel et imitez en tout la vie des anges. Que cette contemplation soit votre maîtresse,

1. Justin, I Apol. 6.

que cette considération soit votre règle[2]. » La vie monastique ou érémitique était donc considérée comme une anticipation de la vie céleste, et la liturgie, comme une participation au culte de louange que les anges célèbrent dans les cieux. L'héritage spirituel de Saint Bernard passa ensuite dans la scolastique du XIIe-XIIIe siècle, représentée par Hugues de Saint-Victor (1096-1141) et par Saint Thomas d'Aquin (1225-1274). Dans les écrits du Docteur angélique, les saints anges ne sont pas objet de dévotion, mais plutôt d'études savantes et de dissertations sur leur nature, leur intelligence et leur liberté. C'est au XVIe et XVe siècles que les anges feront leur apparition dans les livres d'Heures et dans les traités de théologie mystique. Entre le XIVe et le XVIIe siècle, les auteurs spirituels et les prédicateurs insisteront non seulement sur l'existence d'un ange gardien personnel, mais aussi sur le ministère des anges affectés à la protection d'un pays ou d'une région en particulier. On recommande de les invoquer contre les épidémies de peste qui font alors rage en Europe. La dévotion envers l'ange gardien personnel s'accroît considérablement au XVIIe siècle, et provoque au XIXe siècle un engouement jamais rencontré auparavant. C'est dans ce climat de ferveur, qu'on se met à prier les anges gardiens, à faire célébrer des messes en leur honneur, à publier des livres de prières et des

2. Saint Anselme, *Un croyant cherche à comprendre*, Paris, le Cerf, 1970, Épître 230. (Chrétiens de tous les temps, 40).

images pieuses, et à les façonner en œuvres d'art ou en objets de piété[3].

- **Y a-t-il un risque de tomber dans une forme d'idolâtrie ?**

Le risque de tomber dans l'idolâtrie ou l'« angélolâtrie », qui consiste à mettre les anges sur un pied d'égalité avec Dieu ou de les considérer à la place de Dieu, n'est pas nouveau. C'est, en effet, un très vieux danger qui a été maintes fois dénoncé par les anciens. Saint Paul met en garde les Colossiens contre ce qu'il appelle « la religions des anges » (Col 2, 18). Il semble que cette « religion » ait pris racine dans l'erreur qui consistait à vouloir faire du Christ l'égal des anges (He 1) ou dans un culte d'adoration offert aux anges plutôt qu'à Dieu. C'est un tel culte que refuse catégoriquement l'ange de l'Apocalypse lorsque Jean tombe à ses pieds pour l'adorer : « Non, attention, je suis un serviteur comme toi et tes frères les prophètes et ceux qui gardent les paroles de ce livre ; c'est Dieu qu'il faut adorer » (Ap 22, 9). Dans le livre des Juges, c'est l'« Ange de Yahvé » qui refuse le chevreau de Manoah et demande que l'animal soit offert en holocauste à Yahvé (Jg 13, 15-17).

---

3. Cf. *Les anges entre ciel et terre*, *op. cit.*, pp. 18-22 et Couture A. et Allaire N., *Ces anges qui nous reviennent,* Montréal, Fides, 1996. pp. 75-76.

Les Pères, eux aussi, préviennent toute dérive en exhortant le peuple chrétien : « Les chrétiens n'adorent pas les anges » affirme Origène (≈184-254) mais, « il leur est cependant permis de leur rendre un culte, à condition de bien entendre ce mot[4]… ». Origène distingue nettement la vénération due aux anges et l'adoration réservée à Dieu seul. De même, au IVe siècle, des Pères, comme Augustin et Athanase, s'élèvent contre une dévotion excessive envers les anges : « Nous honorons les anges avec amour mais nous ne les servons pas », disait Saint Augustin[5]. Disciple d'Origène, Eusèbe (265-340) dit la même chose : « Parmi les anges il y en a quelques-uns qui nous sont envoyés auprès des hommes pour les sauver. Nous avons appris à les connaître et à les honorer suivant leur dignité, réservant à Dieu seul l'hommage de l'adoration[6]. » Le Concile de Laodicée (343-381) condamna cette forme idolâtrique du culte des anges qui va à l'encontre de l'adoration qui est réservée à Dieu.

• La dévotion envers les anges gardiens n'est-elle pas un peu infantile ?

La dévotion envers les anges gardiens peut paraître infantile si l'on s'arrête à certaines pratiques

---

4. Origène, *Contre Celse*, VIII, 13, PG 11, 1536.
5. Augustin, *De la vraie religion*, 55, PL 34, 170.
6. Eusèbe de Césarée, *Dem. Evang.* 1. III, 3.

de piété un peu « bigotes » ou à des représentations de l'imagerie populaire. On a tous gardé en mémoire le souvenir d'images pieuses, souvent mièvres, qui traînaient dans les petits missels de nos grands-mères… Certaines de ces images, qu'accompagnait une prière imprimée au dos, ne pouvaient que desservir la vraie dévotion envers les anges. Peut-être que certaines représentations iconographiques ou prières d'autrefois avaient un peu oublié que les anges n'existent qu'en fonction de leur relation au Christ, et que leur rencontre avec les hommes s'inscrit dans l'Histoire du salut, comme l'explique le théologien Karl Rahner : « La liturgie et les traditions de piété connaissent aussi les anges gardiens ; ils ont concrétisé l'union qui existe entre les hommes et les anges dans l'unique Histoire du salut, en mettant en relation des anges déterminés avec des hommes déterminés. À condition qu'on ne se représente pas une chose de ce genre de manière trop anthropomorphique ou carrément infantile, il n'y a rien à objecter à une telle affirmation[7]. »

- **L'Écriture condamne-t-elle le culte des anges ?**

Non, l'Écriture ne condamne pas les honneurs que l'on rend aux messagers de Dieu, ni les prières qui leur sont adressées. Voici quelques exemples où il est

7. Karl Rahner, *« Angeli » in* Dizionario Teologico, Queriniana, Brescia, 1974, p. 116.

qucstion du respect et de la reconnaissance que les hommes de la Bible ont témoignés à l'égard des anges : Jacob prie l'ange qui l'a protégé (Gn 48, 16 ; Os 12, 4), Moïse, et Josué retirent leurs sandales par respect envers l'Ange du Seigneur (Ex 3, 5 ; Jos 5, 13-14) et l'Apocalypse nous présente les anges qui offrent à Dieu les prières des saints (Ap 5, 8).

- **Quelle est la position de l'Église au sujet du culte des anges ?**

C'est la *Congrégation pour le culte divin et la discipline des sacrements* qui nous répond : « Les expressions de la piété populaire envers les saints anges sont légitimes et bienfaisantes, mais elles peuvent donner lieu à des déviations, parmi lesquelles il convient de citer :

– l'erreur suivante peut progressivement s'immiscer dans l'âme de certains fidèles : le monde et la vie seraient soumis à des tensions démiurgiques, c'est-à-dire à la lutte incessante entre les bons esprits et les esprits mauvais, ou entre les anges et les démons ; l'homme serait alors terrassé par des puissances supérieures contre lesquelles il ne pourrait rien faire. Une telle conception a pour effet d'affaiblir le sens de la responsabilité personnelle ; de plus, elle ne concorde pas avec l'enseignement authentique de l'évangile à propos de la lutte contre le Malin ; l'évangile exige, en effet, du disciple du Christ la droiture morale, l'engagement pour l'évangile, l'humilité et la prière ;

– certains fidèles peuvent être tentés de considérer les événements de la vie quotidienne d'une manière schématique et simpliste, voire infantile, en rendant le Malin responsable de leurs difficultés, y compris les plus minimes, et, au contraire, en attribuant à l'ange gardien leurs succès et leurs réalisations positives. Or, de telles interprétations n'ont aucun rapport ou si peu, avec le véritable progrès spirituel de la personne qui consiste à rejoindre le Christ[8]. »

- **À quoi reconnaît-on l'authenticité du culte des anges ?**

Tout d'abord, le culte des anges doit s'enraciner dans les textes bibliques et patristiques et doit être conforme à l'enseignement du Magistère. Ensuite, les expressions variées de la piété populaire envers les anges gardiens doivent être exemptes de toute forme de superstition ou de fanatisme. On reconnaît l'arbre à ses fruits : une vraie dévotion envers les saints anges élève notre âme vers Dieu et suscite aussi un style de vie évangélique, qui se caractérise par :

– l'action de grâces adressée à Dieu qui accepte de placer des esprits d'une si grande sainteté et dignité au service des hommes ;

---

8. Congrégation pour le Culte divin et la discipline des Sacrements, *Directoire sur la piété populaire et la liturgie*, *op. cit.*, n° 217, p. 182.

– une attitude de droiture et de piété, suscitée par la conscience de vivre constamment en présence des saints anges ;

– une confiance sereine dans les situations difficiles, inspirée par la conviction que le Seigneur guide et assiste le fidèle sur le chemin de la justice, en recourant en particulier au ministère des anges[9].

- **Est-il vrai que les papes ont toujours eu une fervente dévotion envers les anges ?**

Oui, c'est exact. De nombreux papes ont recommandé aux fidèles la dévotion envers les saints anges, qu'eux-mêmes affectionnaient tout particulièrement. Voici donc quelques exemples glanés dans l'enseignement des derniers pontificats :

« Les successeurs de Saint Pierre ont toujours eu manifestement une assistance spéciale du Seigneur. Mais c'est aussi une vérité certaine que tous et chacun, nous sommes confiés à la sollicitude d'un ange. De là la vive et profonde dévotion que tous nous devons avoir envers notre ange gardien[10]... »

« Veillons donc à nous adresser souvent à l'ami céleste que le Seigneur nous a accordé ; à ne pas fermer les yeux pour prendre le repos nécessaire et à ne pas commencer la journée sans en invoquer la protection ; à nous adresser toujours à l'ange gardien

9. *Ibid.*, n. 216, p. 181.
10. Jean XXIII, 2 octobre 1960, in *Discours*, t. 2, 762.

quand nous nous trouvons dans les épreuves et les difficultés et à l'heure des tentations de la part de l'ennemi du bien[11]. »

Jean-Paul II, le 2 octobre 2002, devant 15 000 pèlerins réunis sur la place Saint-Pierre a lancé ces exhortations : « Tournez-vous souvent vers les anges gardiens pour faire des familles un lieu de réciproque compréhension et de croissante unité dans le Christ… Chers jeunes, laissez-vous guider par les anges pour que votre vie soit une fidèle pratique des commandements divins… Vous, chers malades, aidés par les anges gardiens, unissez vos souffrances à celles du Christ pour le renouveau spirituel de la société toute entière. »

- **En quelles occasions est-il recommandé de prier les anges ?**

On peut prier les anges à tout moment de la journée et en toute occasion. On s'adresse à eux non seulement dans les difficultés du quotidien mais aussi dans les moments de tranquillité et de calme, particulièrement le matin ou le soir, avant de s'endormir. Saint Jean-Marie Vianney exhortait ainsi ses fidèles : « Il faut, dès le matin, en s'éveillant offrir à Dieu son cœur, son esprit, ses pensées, ses paroles, ses actions, tout soi-même, pour ne servir que sa gloire. Renouveler les promesses de son baptême, remercier son ange

---

11. Jean XXIII, 29 novembre 1960, ORf, 42.

gardien, lui demander sa protection, à ce bon ange qui est resté à côté de nous pendant notre sommeil[12]. »

- **Le culte envers les anges est-il aussi un hommage rendu à la Vierge Marie ?**

Bien sûr que la dévotion envers les anges est aussi un hommage que l'on rend à Marie, car celle que l'on nomme *Reine du ciel* est en même temps *Reine des anges*, comme chante l'antienne *Ave Regina Cælorum*[13] et les célèbres litanies de la Vierge, composées à la fin du XIIe siècle. La royauté de Marie a été admirablement exprimée dans l'Encyclique de Pie XII, *Ad Cœli Reginam*. Le Saint Père, dans cet extrait, en rappelle les fondements : « L'argument principal sur lequel se fonde la dignité royale de Marie, déjà évident dans les textes de la tradition antique et dans la sainte liturgie, est sans aucun doute sa maternité divine. Dans les Livres Saints, en effet, on affirme du Fils qui sera engendré par la Vierge : « Il sera appelé Fils du Très-Haut et le Seigneur Dieu lui donnera le trône de David, son père, et il règnera dans la maison de Jacob éternellement et son règne n'aura pas de fin » (Lc 1, 32-33) ; en outre, Marie est proclamée « Mère du Seigneur » (Lc 1, 43). Il s'ensuit logiquement

---

12. Cf. Monnin A., *Esprit du Curé d'Ars, M. Vianney dans ses catéchismes, ses homélies et sa conversation*, Téqui, Paris, 1975

13. *Ave Regina Cælorum, Ave domina angelorum*… Salut Reine des cieux ! Salut Reine des anges !

qu'elle-même est Reine, puisqu'elle a donné la vie à un Fils qui, dès l'instant de sa conception, même comme homme, était, à cause de l'union hypostatique de la nature humaine avec le Verbe, Roi et Seigneur de toutes choses. Saint Jean Damascène a donc raison d'écrire : « Elle est vraiment devenue la Souveraine de toute la création au moment où elle devint Mère du Créateur et l'Archange Gabriel lui-même peut-être appelé le premier héraut de la dignité royale de Marie. »

> « Ô Marie… Tu es plus grande que les chérubins aux jeux innombrables et que les séraphins aux six ailes… Le ciel et la terre sont entièrement remplis de ta sainteté et de ta gloire. »
>
> Missel éthiopien (Anaphore *Dominae nostrae Mariae, Matris Dei*).

« La sainte liturgie, qui est comme le fidèle miroir de la doctrine transmise par les anciens et crue par le peuple chrétien à travers les âges, tant en Orient qu'en Occident, a toujours chanté et chante encore sans cesse les louanges de la Reine des cieux. De l'Orient retentissent ces accents fervents : "Ô Mère de Dieu, aujourd'hui tu as été transportée au ciel sur les chars des chérubins, les séraphins sont à ton service, et les légions des armées célestes s'inclinent devant toi[14]." »

---

14. Pie XII, Lettre encyclique *« Ad Cœli Reginam »*, 11 octobre 1954.

Dans la messe en l'honneur de Marie Reine de l'Univers, la Préface dit ceci : « Père très saint, tu as élevé la Vierge Marie bien au-dessus des anges : elle règne dans la gloire avec le Christ, intercédant pour tous les hommes, avocate de grâce et Reine de l'univers[15]. » Si la Vierge Marie est Reine de l'Univers, elle est aussi Reine des anges, puisque les esprits célestes font partie intégrante de l'univers créé par Dieu. Marie est leur Reine et Souveraine, et donc dépasse en grâce et en gloire tous les anges. Devant elle, les anges et les archanges s'inclinent et vénèrent en chœur la Femme que Dieu a voulu bénir entre toutes. Saint Nectaire d'Egine (1846-1920) avait raison de louer la Mère de Dieu par ces invocations pleines d'amour et de sensibilité orientale : « Ô Vierge Pure, Souveraine, Immaculée et Mère de Dieu / Plus élevée que les cieux / Plus brillante que le soleil / Ô joie des vierges surpassant les chœurs angéliques / Plus splendide que les cieux, plus pure que la lumière / Plus sainte que les multitudes des armées célestes / Plus vénérable que les Chérubins et combien plus glorieuse que les Séraphins incorporels / Plus élevée que les Trônes / Réjouis-toi, chant des Chérubins / Réjouis-toi, hymne des anges / Cantique des Séraphins / Réjouis-toi, joie des archanges / Je te prie, ô Reine du monde, j'implore ta grâce. »

---

15. Messes en l'honneur de la Vierge Marie, Desclée-Mame, 1989.

CHAPITRE IV

Citations et anecdotes sur les anges

1. Citations

a) Pères de l'Église et auteurs ecclésiastiques

« Toute chose visible en ce bas monde est confiée à un ange. »
« Avec les anges nous formons une seule cité de Dieu. »

Saint Augustin († 430) : De civ. Dei, X, 7.

« L'objet de l'attente des anges est la béatitude des hommes. »

Saint Hilaire († 367)

« Parce que nous avons connu notre Roi,
les anges nous reconnaissent comme leurs concitoyens. »

Saint Grégoire (540-604)

« L'ange est un miroir pur, très clair, recevant en lui, si l'on peut dire, toute la beauté de Dieu. »

Denys l'Aréopagite, (VIe-VIIe siècles)

« Nous avons besoin de guides pour nous rendre d'une cité dans une autre, combien plus des guides forts et divins nous sont nécessaires pour traverser cette longue vie ! »

Saint Jean l'Aumônier († 619) : PL., 173, 175.

« Les anges coopèrent à toutes nos bonnes actions. »

Saint Thomas (+1274), *Summa Th.*, I, q. 114, art. 3, ad 3.

« Les anges sont nos pasteurs ;
non seulement ils portent à Dieu nos messages,
mais ils nous apportent aussi ceux de Dieu.
Ils nourrissent nos âmes de leurs douces
inspirations et des communications divines ;
en bons pasteurs, ils nous protègent
et nous défendent contre les loups,
c'est-à-dire contre les démons. »

« Par leurs secrètes inspirations, les anges procurent à l'âme
une connaissance plus haute de Dieu ;

ils l'embrassent ainsi d'une plus vive flamme d'amour
pour Lui ;
ils vont même jusqu'à la laisser toute blessée
d'amour. »

Saint Jean de la Croix (1542-1591),
Avis et maximes sur la vie spirituelle.

« La chasteté est le lis des vertus et, dès cette vie,
elle nous rend presque semblables aux anges.
Rien n'est beau que par la pureté
et la pureté des hommes, c'est la chasteté. »

« Rendez-vous fort familiers avec les anges ;
voyez-les invisiblement présents à votre vie,
et surtout aimez et révérez celui du diocèse dont vous
êtes,
ceux des personnes avec lesquelles vous vivez,
et spécialement le vôtre ;
suppliez-les souvent, louez-les ordinairement,
et employez leur aide et secours en toutes vos
affaires,
soit spirituelles, soit temporelles,
afin qu'ils coopèrent à vos intentions. »

« Voyez-les souvent,
invisiblement présents à votre vie
et surtout aimez spécialement le vôtre. »

Saint François de Sales (†1622)

« L'ange Gardien est toujours à nos côtés pour nous porter au bien et nous défendre contre les mauvais anges qui, sans cesse, rôdent autour de nous pour nous porter au mal. »

Saint Jean-Marie Vianney (1786-1859)

« Le désir qu'a notre ange gardien de nous aider
est beaucoup plus grand que celui que nous avons
d'être aidés par lui. »

Saint Jean Bosco (1815-1888),
Memorie bibliografiche, II, 264.

« Ô saints anges,
Aigles sublimes des montagnes éternelles,
Vous qui baignez dans les splendeurs émanées du Verbe,
Il est pourtant un don préférable à toute votre science,
Et ce don est accordé aux hommes comme à vous :
C'est la charité. »

« Les anges sont si grands, si glorieux, si purs,
si merveilleux que leur simple vue,
à supposer que nous soyons autorisés à les apercevoir,
nous jetterait à terre, comme ce fut le cas du prophète Daniel,
homme saint et droit s'il en fut ;
et pourtant, les anges sont comme nous les serviteurs de Dieu,
comme nous ils travaillent pour Dieu ;

de plus, ils veillent scrupuleusement sur chacun de nous
et nous défendent, même les plus humbles d'entre nous. »

Cardinal J.-H. Newman (1801-1890)

« Chacun de nous est assisté d'un de ces purs esprits,
que nous appelons avec raison notre bon Ange.
Il nous prend par la main, dès notre entrée dans la vie,
pour ne plus nous quitter
tant que dure notre course mortelle. »

Sainte Gemma Galgani (1878-1903)

« Que le Seigneur soit sur votre chemin
et que son ange vous accompagne. »

Pie XI (1922-1939)

« Il n'y a qu'une chose que les anges eux-mêmes nous envient :
ils ne peuvent pas souffrir pour Dieu.
Or seule la souffrance permet à une âme de dire en toute vérité :
« Mon Dieu vous voyez bien que je vous aime. »

Saint Pio de Pietrelcina (1887-1968)

« De même que les saints,
les anges prient et intercèdent pour les hommes.
Ils sont les serviteurs de Dieu.

Tout homme a son ange gardien qui se tient devant la Face du Père.
Ce n'est pas seulement un ami et un protecteur,
c'est en quelque sorte un prototype céleste de l'homme,
la pensée divine sur lui !
Ceux qui sont attentifs et sensibles aux présences invisibles,
connaissent cette merveilleuse intimité. »

« La présence de l'ange excède de si loin celle de l'homme,
tout en lui demeurant la plus intime,
que l'on peut légitimement se demander si l'homme,
réduit à sa seule présence, saurait de lui-même qualifier sa propre essence,
ou seulement conserver dans son âme cette lumière
qui est le don fait par le Père à ceux qu'il appelle à vivre près de Lui. »

Paul Evdokimov (1901-1970)

« On ne prie pas assez les Anges.
Ils font un peu peur aux théologiens,
rapport à ces vieilles hérésies des Églises d'Orient,
une peur nerveuse, quoi !
Le monde est plein d'Anges. »

Cardinal Charles Journet (1891-1975)

« Une Église qui ne ferait pas l'expérience spirituelle des anges ne serait pas l'Église de Dieu. »

Cardinal Roger Etchegaray (1922),
propos recueillis à Marseille en 1978.

b) Auteurs profanes

Anges et ministres de la grâce, défendez-nous !

William Shakespeare (1564-1616), Hamlet, I, IV.

« L'homme n'est ni ange ni bête,
et le malheur veut que qui veut faire l'ange fait la bête. »

Blaise Pascal (1623-1662)

« Anges, vous restez en ma compagnie pour me guider.
Soyez à ma droite et à ma gauche, que mon pied ne glisse pas. »

J.-S. Bach, (1685-1750) :
Aria de la Cantate BWV19 pour la fête de Saint Michel

« On ne sait pas précisément où les anges se tiennent,
si c'est dans l'air, dans le vide, dans les planètes :
Dieu n'a pas voulu que nous fussions instruits. »

Voltaire (1694-1778)

« Tout mortel a le sien : cet ange protecteur,
cet invisible ami veille autour de son cœur,
l'inspire, le conduit, le relève s'il tombe :
le reçoit au berceau, l'accompagne à la tombe
et, portant dans les cieux son âme entre ses mains,
la présente en tremblant au Juge des humains. »

Alphonse-Marie de Lamartine (1790-1869)

« Tiens, un ange !
il vole à ma rencontre toute la journée,
et moi, incrédule, je ne le savais pas. »

Franz Kafka (1883-1924)

2. Anecdotes et récits populaires

1. Le Pape **Pie XI** confia à un groupe de visiteurs que, au commencement et à la fin de chacune de ses journées, il invoquait son ange gardien. Il ajouta qu'au fil des heures il renouvelait souvent cette prière, spécialement lorsque les choses se compliquaient, ce qui arrive fréquemment dans les occupations d'un Pape : « Nous tenons à le déclarer, aussi pour remplir un devoir de reconnaissance, poursuivit Pie XI : Nous nous sommes toujours senti merveilleusement assisté par notre Ange gardien. Très souvent, nous sentons qu'il est là, proche de nous, prêt à nous aider[1]. »

1. Huber G., *op. cit.*, p. 18.

2. Le Bienheureux Pape **Jean XIII** fait cette confidence au cours d'une audience : « Au cours d'une conversation que j'eus avec l'insigne pontife Pie XI, je l'entendis exposer un très beau secret, confirmant que la protection de l'Ange gardien donne toujours de la joie, qu'elle arrange toutes les difficultés, qu'elle réduit les obstacles. Lorsqu'il m'arrive – me confiait Pie XI – de devoir parler avec quelqu'un que je sais réfractaire au raisonnement et où il est nécessaire de faire appel à une certaine forme de persuasion, je recommande alors à mon Ange gardien de mettre au courant de tout l'Ange gardien de la personne que je dois rencontrer. De la sorte, l'entente une fois réalisée entre les deux esprits supérieurs, le colloque se déroule dans les meilleures conditions et se trouve facilité[2]. »

3. **Isidore le Laboureur** était un pieux laïc des environs de Madrid, époux de Maria de la Cabeza. En service auprès d'un maître exigeant, il souhaitait concilier son devoir d'état et les obligations religieuses auxquelles il s'était engagé, à savoir assister chaque jour à la messe. Pour lui permettre de répondre à ses aspirations, Dieu lui envoya deux anges, qui tantôt l'aidaient à pousser sa charrue, tantôt apparaissaient à ses côtés avec une seconde charrue tirée par deux bœufs d'une blancheur éclatante. La durée du travail

---

2. Jean XIII, 9 septembre 1962, Orf 38.

s'en trouvait singulièrement réduite, et le laboureur pouvait aller tranquillement à l'église pour y faire ses dévotions, sans que le rendement en souffrît. Mort vers le milieu du XIe siècle, Isidore est – si l'on excepte Françoise Romaine, qui fut religieuse après son veuvage – le premier laïc canonisé (en 1622) suivant la procédure en vigueur depuis 1588, date de l'institution de la Congrégation des Rites, ancêtre de la Congrégation pour la cause des saints. Il est patron de Madrid.

4. Lorsque les anges mettent les petits plats dans les grands…

Saint **Gérard de Majella**, rédemptoriste, est aidé à préparer le repas de la communauté par les anges : « Un matin, où Gérard avait été chargé de cuire le déjeuner de la communauté, il alla, après avoir reçu la sainte communion, faire son action de grâce dans un oratoire. Là, prosterné au pied d'un grand crucifix, il ne tarda pas à entrer en extase, et oubliant les choses de ce monde ne garda plus aucun souvenir de ce dont on l'avait chargé. Quand vint l'heure du déjeuner, rien n'était prêt. On chercha partout le cuisinier qu'on finit par découvrir au moment où il sortait de l'oratoire, tout absorbé en Dieu et le visage enflammé.

— Frère Gérard, on va sonner la cloche pour se mettre à table, lui dit-on, et la cuisine est encore fermée.

— Hommes de peu de foi ! Et les anges, que doivent-ils faire ? répond-il sans se troubler.

Cependant, la communauté se rend au réfectoire, et loin de jeûner comme elle avait lieu de s'y attendre, on lui servit des viandes si savoureuses que jamais elle n'en avait mangé de semblable[3] ! »

Ces religieux ont bien de la chance d'avoir des anges comme cuisiniers… Ceux-là étaient certainement des « chefs » !

5. Des anges aux méthodes surprenantes mais radicales…

Un ascète, **Élie**, avait pris très à cœur la cause des vierges : il existe en effet de telles âmes, qui n'ont à l'évidence d'autre but que la vertu. Celui-ci avait le souci des femmes engagées dans la vie ascétique : comme il avait de l'argent, il construisit dans la ville d'Athribé un grand monastère, et il y rassembla toutes celles qui étaient dispersées. Il s'occupa d'elles, leur procurant le confort, leur donnant même des jardins et tout ce dont elles avaient besoin. Mais comme elles arrivaient là après avoir mené des vies très différentes, elles s'affrontaient continuellement les unes les autres. Il devait les écouter, mettre la paix – il en avait rassemblé près de trois cents : il lui fallut donc rester au milieu d'elles pendant deux ans. Or il était jeune – pas

3. Benedetti C., *op. cit.*, pp. 416-417.

plus de trente ou quarante ans –, et il fut tenté. Il quitta alors à jeun le monastère et, pendant deux jours, il erra dans le désert en priant ainsi : « Seigneur, fais-moi mourir, pour que je ne voie pas leur peine, ou bien prends ma passion pour que je m'occupe de ces femmes d'un cœur pur, comme il convient. » Le soir venu, il s'endormit dans le désert, et il raconte qu'il vit trois anges qui se saisirent de lui en disant : « Pourquoi es-tu sorti du monastère des femmes ? » Et il leur expliqua : « Parce que j'ai eu peur de leur nuire ainsi qu'à moi. » Ils reprirent : « Si nous te débarrassons de ta passion tu repars t'occuper d'elles ? » Il fut d'accord ; ils exigèrent de lui un serment qui, dit-il, était ainsi formulé : « Jure-nous ceci : Par Celui qui prend soin de moi, je prendrai soin d'elles. » Et il le leur jura. Alors l'un des anges lui saisit les mains, l'autre les pieds et le troisième avec un rasoir lui coupa les testicules, non en réalité mais dans l'imaginaire. Et il lui sembla avoir été guéri en extase, pour ainsi dire. Ils l'interrogèrent : « Te sens-tu mieux ? » « J'ai été fort soulagé, répondit-il, et je suis persuadé que me voilà délivré de cette passion. » Ils lui dirent : « Eh bien, repars ! » Il retourna au bout de cinq jours au monastère qu'il trouva dans la désolation. Il y entra et s'installa dans une cellule latérale, d'où il pouvait exhorter continuellement les moniales, autant qu'il en était capable. Il vécut encore quarante ans et il assurait aux Pères : « La passion ne me vient plus à la pensée. » Telle fut la grâce accordée à ce saint qui s'était ainsi dévoué au monastère[4].

6. Les anges soutiennent les hommes de Dieu dans un moment d'affliction…

Le saint Abba **Antoine**, alors qu'il demeurait au désert, fut en proie au dégoût et à une grande obscurité de pensées. Il dit à Dieu : « Seigneur, je veux être sauvé, mais mes pensées ne me le permettent pas : que faire dans mon affliction ? Comment être sauvé ? » Peu après, s'étant levé pour sortir, Antoine voit un homme comme lui-même assis à travailler, puis se levant de son travail pour prier, se rasseyant à nouveau et tressant une corde, puis se relevant encore pour la prière. C'était un ange du Seigneur envoyé pour le corriger et le rassurer. Et il entendit l'ange lui dire : « Fais ainsi et tu seras sauvé. » À ces paroles, Antoine ressentit beaucoup de joie et de courage. Et faisant ainsi, il fut sauvé[5].

7. Des soldats en uniforme blanc

Des missionnaires m'ont raconté ce qui leur est arrivé au Congo. Leur maison servait d'internat et abritait deux cents enfants de la mission. Les rebelles avaient décidé de tuer tous les enfants ainsi que leurs

---

4. Histoire lausiaque, 29, 1-3.
5. Guy J.-C., *Paroles des anciens*, apophtegmes des Pères du Désert, coll. Points-Sagesse, éd. du Seuil, Paris, 1976, p. 15.

enseignants. Quand les occupants de la maison virent s'avancer cette meute hostile, ils se mirent à genoux et implorèrent la protection de Dieu. La maison était entourée d'un simple grillage et gardée par quelques soldats dévoués. Qu'était-ce en regard de cette horde d'ennemis impitoyables ? Pourtant, à un moment donné, les missionnaires virent les rebelles faire demi-tour et disparaître. Le lendemain et le surlendemain, même constatation. Les insurgés ne revinrent jamais.

À quelque temps de là, un des rebelles fut blessé et amené au dispensaire de la mission. Le médecin pansa ses plaies et lui demanda : « Pourquoi n'avez-vous pas assailli notre maison ? Vous aviez pourtant bien l'intention de nous tuer, n'est-ce pas ? » L'homme répondit : « Oui, mais nous en avons été empêchés. En nous approchant de la maison, nous avons constaté qu'elle était gardée par des centaines de soldats en uniforme blanc. Nous avons eu peur et nous nous sommes enfuis. » Or aucun pays d'Afrique n'habille ses soldats d'un uniforme blanc ! Les personnes que les rebelles avaient vues n'étaient autres que des anges ! Les missionnaires en furent persuadés[6].

8. Mgr **Jean Calvet**, alors doyen de la faculté des lettres de l'Institut Catholique de Paris, a raconté comment le témoignage d'une paysanne lui avait rappelé l'existence des anges gardiens : « Je me promenais sur

---

6. Ten Boom, C., *Les anges*, éd. Échos de la joie, p. 20.

un terrain creux et ombreux de ma campagne, quand j'ai rencontré, derrière un fourré et trois brebis, une vieille pliée en deux sur son bâton. Comme je dois reconnaître tout le monde je lui dis :

— Bonjour, Catinelle.

Elle s'est redressée à moitié et m'a répondu :

— Bonjour, Monsieur le Curé et la compagnie.

— Comment, grand-mère ? Je suis tout seul, où voyez-vous la compagnie ?

Elle s'est redressée entièrement, et j'ai vu son visage creusé de rides et ses yeux clairs encore beaux. Elle m'a dit gravement :

— Et l'ange gardien, qu'en faites-vous ?

— Mère, pardon. J'allais oublier l'ange gardien ; je vous remercie de me l'avoir rappelé. »

Cette aventure fortuite remit les anges au premier rang de la pensée et de la prière de Jean Calvet : « Dans mon oratoire, j'ai ménagé une petite guérite pour mon ange gardien[7]. »

---

7. Huber G., *op. cit.*, p. 143.

En guise de conclusion

Chers lecteurs, ce n'est pas vraiment une conclusion, ni un point final, c'est plutôt une prière qui, portée par les anges, s'élève vers le Christ pour lui rendre gloire. Mon cœur s'est fait humble et silencieux pour adorer, à la suite des créatures célestes, ce Roi qui domine les cieux et la terre. C'est à Lui qu'obéissent les armées triomphantes du ciel et devant Lui que tremblent d'effroi les démons : aux pieds du Seigneur, je m'incline, j'adore et j'implore miséricorde. Je vous invite, chers lecteurs, à vous arrêter quelques instants pour remercier Dieu de nous avoir donné les anges comme gage de son amour et de sa protection. C'est une pure grâce qu'il nous a faite en plaçant à nos côtés un compagnon céleste, que nous ne voyons pas, mais qui est l'ami le plus fidèle que nous ayons, après le Christ et sa Sainte Mère. Peut-être serons-nous, à présent, moins indifférents à sa présence et plus disposés à rechercher sa compagnie et son aide ? L'ange manifeste envers nous une disponibilité totale, de chaque instant, et à la moindre alerte, il vole à notre secours.

Bien que sa prière et sa charité soient incessantes pour nous venir en aide, l'ange gardien veut rester caché et effacé pour que vous ne le remarquiez point. Pourtant, il n'arrête pas de travailler pour nous : il nous aime et nous console, il veille sur nous et nous protège, il nous guide et nous éclaire, il nous inspire et pense continuellement à nous... Tout cela et encore plus, sans jamais nous demander de régler ses frais de déplacement. Surtout, ne le remerciez pas pour le dérangement car vous l'offenseriez. Au contraire, plus vous le solliciterez, plus vous le rendrez heureux !

Avec vous et avec nos amis du ciel, je me tourne vers le Christ pour Lui adresser ce bel hymne de louange qui nous vient de la liturgie de Saint Marc des chrétiens d'Alexandrie :

« Tu es élevé au-dessus de toute Principauté et de toute Puissance, Force et Domination, et au-dessus de tout nom qui est nommé non seulement dans ce monde, mais aussi dans le monde futur. Autour de toi se tiennent mille fois mille et dix mille myriades de Saints Anges et les armées des Archanges. Autour de toi sont les deux êtres les plus vénérables, les Chérubins aux yeux multiples et les Séraphins aux six ailes, qui de deux ailes couvrent leur visage, de deux ailes couvrent leurs pieds, et volent de deux ailes. D'une bouche infatigable, louant Dieu sans jamais se taire, ils se clament l'un à l'autre l'hymne de victoire du trois fois Saint : clamant, glorifiant, criant et disant, à ta grande gloire : Saint, Saint, Saint est le Dieu des armées. Le ciel et la terre sont remplis de ta gloire. Sans cesse, tout te sanctifie ; accepte donc aussi, Seigneur Dieu, nos louanges à ta Sainteté, que nous chantons et disons avec tous ceux qui te sanctifient : Saint, Saint, Saint est le Seigneur Sabaoth[1], le ciel et la terre sont remplis de ta gloire[2]. »

---

1. *Sabaoth* veut dire « des armées du ciel », i. e. des étoiles de l'univers.
2. Peterson E., *op. cit.*, p. 53.

ANNEXES

APPENDICE I

CITATIONS BIBLIQUES

A) LES ANGES DANS L'ANCIEN TESTAMENT

• LIVRE DE LA GENÈSE :

Chapitre 16 :

v. 7 : L'Ange de Yahvé la rencontra près d'une certaine source au désert, la source qui est sur le chemin de Shur.

v. 9 : L'Ange de Yahvé lui dit : « Retourne chez ta maîtresse et sois-lui soumise. »

v. 10 : L'Ange de Yahvé lui dit : « Je multiplierai beaucoup ta descendance, tellement qu'on ne pourra pas la compter. »

v. 11 : L'Ange de Yahvé lui dit : « Tu es enceinte et tu enfanteras un fils, et tu lui donneras le nom d'Ismaël, car Yahvé a entendu ta détresse. »

Chapitre 19 :

v. 1 : Quand les deux Anges arrivèrent à Sodome sur le soir, Lot était assis à la porte de la ville. Dès que Lot les vit, il se leva à leur rencontre et se prosterna, face contre terre.

Chapitre 19 :

v. 15 : Lorsque pointa l'aurore, les Anges insistèrent auprès de Lot, en disant : « Debout ! Prends ta femme et tes deux filles qui se trouvent là, de peur d'être emporté par le châtiment de la ville. »

Chapitre 21 :

v. 17 : Dieu entendit les cris du petit et l'Ange de Dieu appela du ciel Agar et lui dit : « Qu'as-tu, Agar ? Ne crains pas, car Dieu a entendu les cris du petit, là où il était. »

Chapitre 22 :

v. 11 : Mais l'Ange de Yahvé l'appela du ciel et dit : « Abraham ! Abraham ! » Il répondit : « Me voici ! »

v. 12 : L'Ange dit : « N'étends pas la main contre l'enfant ! Ne lui fais aucun mal ! Je sais maintenant que tu crains Dieu : tu ne m'as pas refusé ton fils, ton unique. »

v. 15 : L'Ange de Yahvé appela une seconde fois Abraham du ciel.

Chapitre 24 :

v. 7 : Yahvé, le Dieu du ciel et le Dieu de la terre, qui m'a pris de ma maison paternelle et du pays de ma parenté, qui m'a dit et qui m'a juré qu'il donnerait ce pays-ci à ma descendance, Yahvé enverra son Ange devant toi, pour que tu prennes une femme de là-bas pour mon fils.

v. 40 : et il m'a répondu : Yahvé, en présence de qui j'ai marché, enverra son Ange avec toi, il te mènera au but et tu prendras pour mon fils une femme de ma famille, de ma maison paternelle.

Chapitre 28 :

v. 12 : Il eut un songe : Voilà qu'une échelle était dressée sur la terre et que son sommet atteignait le ciel, et des anges de Dieu y montaient et descendaient !

Chapitre 31 :

v. 11 : L'Ange de Dieu me dit en songe : Jacob, et je répondis : Oui.

Chapitre 32 :

v. 2 : Comme Jacob poursuivait son chemin, des anges de Dieu l'affrontèrent.

Chapitre 48 :

v. 16 : « que l'Ange qui m'a sauvé de tout mal bénisse ces enfants, que survivent en eux mon nom et le nom de mes ancêtres, Abraham et Isaac, qu'ils croissent et multiplient sur la terre ! »

• LIVRE DE L'EXODE :

Chapitre 3 :

v. 2 : L'Ange de Yahvé lui apparut, dans une flamme de feu, du milieu d'un buisson. Moïse regarda : le buisson était embrasé mais le buisson ne se consumait pas.

Chapitre 14 :

v. 19 : L'Ange de Dieu qui marchait en avant du camp d'Israël se déplaça et marcha derrière eux, et la colonne de nuée se déplaça de devant eux et se tint derrière eux.

Chapitre 23 :

v. 20 : « Voici que je vais envoyer un ange devant toi, pour qu'il veille sur toi en chemin et te mène au lieu que je t'ai fixé. »

v. 23 : « Mon ange ira devant toi et te mènera chez les Amorites, les Hittites, les Perizzites, les Cananéens, les Hivvites, les Jébuséens, et je les exterminerai. »

Chapitre 32 :

v. 34 : « Va maintenant, conduis le peuple où je t'ai dit. Voici que mon ange ira devant toi, mais au jour de ma visite, je les punirai de leur péché. »

Chapitre 33 :

v. 2 : J'enverrai un ange devant toi et j'expulserai les Cananéens, les Amorites, les Hittites, les Perizzites, les Hivvites et les Jébuséens.

• Livre des Nombres

Chapitre 20 :

v. 16 : Nous en avons appelé à Yahvé. Il a entendu notre voix et il a envoyé l'ange qui nous a fait sortir d'Égypte. Nous voici maintenant à Cadès, ville qui est aux confins de ton territoire.

Chapitre 22 :

v. 22 : Son départ excita la colère de Yahvé, et l'Ange de Yahvé se posta sur la route pour lui barrer le passage. Lui montait son ânesse, ses deux garçons l'accompagnaient.

v. 23 : Or l'ânesse vit l'Ange de Yahvé posté sur la route, son épée nue à la main ; elle s'écarta de la route à travers champs. Mais Balaam battit l'ânesse pour la ramener sur la route.

v. 24 : L'Ange de Yahvé se tint alors dans un chemin creux, au milieu des vignes, avec un mur à droite et un mur à gauche.

v. 25 : L'ânesse vit l'Ange de Yahvé et rasa le mur, y frottant le pied de Balaam. Il la battit encore une fois.

v. 26 : L'Ange de Yahvé changea de place et se tint en un passage resserré, où il n'y avait pas d'espace pour passer ni à droite ni à gauche.

v. 27 : Quand l'ânesse vit l'Ange de Yahvé, elle se coucha sous Balaam. Balaam se mit en colère et battit l'ânesse à coups de bâton.

v. 31 : Alors Yahvé ouvrit les yeux de Balaam. Il vit l'Ange de Yahvé posté sur la route, son épée nue à la main. Il s'inclina et se prosterna face contre terre.

v. 32 : Et l'Ange de Yahvé lui dit : « Pourquoi as-tu battu ainsi ton ânesse par trois fois ? C'est moi qui étais venu te barrer le passage ; car moi présent, la route n'aboutit pas. »

v. 34 : Balaam répondit à l'Ange de Yahvé : « J'ai péché. C'est que j'ignorais que tu étais posté devant moi sur la route. Et maintenant, si cela te déplaît, je m'en retourne. »

v. 35 : L'Ange de Yahvé répondit à Balaam : « Va avec ces hommes. Seulement, ne dis rien de plus que ce que je te ferai dire. » Balaam s'en alla avec les princes envoyés par Balaq.

• LIVRE DES JUGES

Chapitre 2 :

v. 1 : L'Ange de Yahvé monta de Gilgal à Béthel et il dit : « Je vous ai fait monter d'Égypte et je vous ai amenés dans ce pays que j'avais promis par serment à vos pères. J'avais dit : Je ne romprai jamais mon alliance avec vous. »

v. 4 : Lorsque l'Ange de Yahvé eut adressé ces paroles à tous les Israélites, le peuple se mit à crier et à pleurer.

v. 8 : Baraq lui répondit : « Si tu viens avec moi, j'irai, mais si tu ne viens pas avec moi, je n'irai pas, car je ne sais pas en quel jour l'Ange de Yahvé me donnera le succès. »

Chapitre 5 :

v. 23 : Maudissez Méroz, dit l'Ange de Yahvé, maudissez, maudissez ses habitants : car ils ne sont pas venus à l'aide de Yahvé, à l'aide de Yahvé parmi les héros.

Chapitre 6 :

v. 11 L'Ange de Yahvé vint et s'assit sous le térébinthe d'Ophra, qui appartenait à Yoash d'Abiézer. Gédéon, son fils, battait le blé dans le pressoir pour le soustraire à Madiân.

v. 12 : … et l'Ange de Yahvé lui apparut : « Yahvé avec toi, lui dit-il, vaillant guerrier ! »

v. 20 : l'Ange de Yahvé lui dit : « Prends la viande et les pains sans levain, pose-les sur ce rocher et répands le jus. » Et Gédéon fit ainsi.

v. 21 : Alors l'Ange de Yahvé étendit l'extrémité du bâton qu'il tenait à la main et il toucha la viande et les pains sans levain. Le feu jaillit du roc, il dévora la viande et les pains sans levain, et l'Ange de Yahvé disparut à ses yeux.

v. 22 : Alors Gédéon vit que c'était l'Ange de Yahvé et il dit : « Hélas ! mon Seigneur Yahvé ! C'est donc que j'ai vu l'Ange de Yahvé face à face ! »

Chapitre 13 :

v. 3 : L'Ange de Yahvé apparut à cette femme et lui dit : « Tu es stérile et tu n'as pas eu d'enfant. »

v. 6 : La femme rentra et dit à son mari : « Un homme de Dieu m'a abordée qui avait l'apparence de l'Ange de Dieu, tant il était majestueux. Je ne lui ai pas demandé d'où il venait et il ne m'a pas fait connaître son nom. »

v. 9 : Dieu exauça Manoah et l'Ange de Dieu vint de nouveau trouver la femme, alors qu'elle était assise dans la campagne, et que Manoah, son mari, n'était pas avec elle.

v. 13 : L'Ange de Yahvé répondit à Manoah : « Tout ce que j'ai interdit à cette femme, qu'elle s'en abstienne. »

v. 15 : Manoah dit alors à l'Ange de Yahvé : « Permets que nous te retenions et que nous t'apprêtions un chevreau. »

v. 16 : Car Manoah ne savait pas que c'était l'Ange de Yahvé. Et l'Ange de Yahvé dit à Manoah : « Quand bien même tu me retiendrais, je ne mangerais pas de ta nourriture, mais si tu désires préparer un holocauste, offre-le à Yahvé. »

v. 17 : Manoah dit alors à l'Ange de Yahvé : « Quel est ton nom, afin que, lorsque ta parole sera accomplie, nous puissions t'honorer ? »

v. 18 : L'Ange de Yahvé lui répondit : « Pourquoi t'informer de mon nom ? Il est merveilleux. »

v. 20 : Or comme la flamme montait de l'autel vers le ciel, l'Ange de Yahvé monta dans cette flamme sous les yeux de Manoah et de sa femme, et ils tombèrent la face contre terre.

v. 21 : L'Ange de Yahvé ne se montra plus désormais à Manoah ni à sa femme, et Manoah comprit alors que c'était l'Ange de Yahvé.

• 1ER LIVRE DE SAMUEL :

Chapitre 29 :

V. 9 : Akish répondit à David : « C'est vrai que tu m'es aussi agréable qu'un ange de Dieu, seulement les princes des Philistins ont dit : Il ne faut pas qu'il aille au combat avec nous. »

• 2E LIVRE DE SAMUEL :

Chapitre 14 :

v. 17 : Ta servante a dit : « Puisse la parole de Monseigneur le roi donner l'apaisement. Car Monseigneur le roi est comme l'Ange de Dieu pour saisir le bien et le mal. Que Yahvé ton Dieu soit avec toi ! »

v. 20 : « C'est pour déguiser l'affaire que ton serviteur Joab a agi ainsi, mais Monseigneur a la sagesse de l'Ange de Dieu, il sait tout ce qui se passe sur la terre. »

Chapitre 19 :

v. 28 : Il a calomnié ton serviteur auprès de Monseigneur le roi. Mais Monseigneur le roi est comme l'Ange de Dieu : agis comme il te semble bon.

Chapitre 24 :

v. 16 : L'ange étendit sa main vers Jérusalem pour l'exterminer, mais Yahvé se repentit de ce mal et il dit à l'ange qui exterminait le peuple : « Assez ! retire à présent ta main. » L'ange de Yahvé se trouvait près de l'aire d'Arauna le Jébuséen.

v. 17 : Quand David vit l'ange qui frappait le peuple, il dit à Yahvé : « C'est moi qui ai péché, c'est moi qui ai commis le mal, mais ceux-là, c'est le troupeau, qu'ont-ils fait ? Que ta main s'appesantisse donc sur moi et sur ma famille ! »

• AU 1ER LIVRE DES ROIS :

Chapitre 13 :

v. 18 : Alors l'autre lui dit : « Moi aussi je suis un prophète comme toi, et un ange m'a dit ceci, par ordre de Yahvé : Ramène-le avec toi à la maison pour qu'il mange et qu'il boive » ; il lui mentait.

Chapitre 19 :

v. 5 : Il se coucha et s'endormit. Mais voici qu'un ange le toucha et lui dit : « Lève-toi et mange. »

v. 7 : Mais l'ange de Yahvé revint une seconde fois, le toucha et dit : « Lève-toi et mange, autrement le chemin sera trop long pour toi. »

• 2E LIVRE DES ROIS :

Chapitre 1 :

v. 3 : Mais l'Ange de Yahvé dit à Élie le Tishbite : « Debout ! monte à la rencontre des messagers du roi de Samarie et dis-leur : N'y a-t-il donc pas de Dieu en

Israël, que vous alliez consulter Baal-Zebub, dieu d'Eqrôn ? »

v. 15 : L'ange de Yahvé dit à Élie : « Descends avec lui, n'aie pas peur de lui. » Il se leva et descendit avec lui vers le roi.

Chapitre 19 :

v. 35 : Cette même nuit, l'Ange de Yahvé sortit et frappa dans le camp assyrien 185 000 hommes. Le matin, au réveil, ce n'étaient plus que des cadavres.

• AU 1ER LIVRE DES CHRONIQUES :

Chapitre 21 :

v. 12 : « Soit trois années de famine, soit un désastre de trois mois devant tes ennemis, l'épée de tes adversaires dans les reins, soit l'épée de Yahvé et trois jours de peste dans le pays, l'ange de Yahvé ravageant tout le territoire d'Israël ! Vois maintenant ce que je dois répondre à celui qui m'envoie. »

v. 15 : Puis Dieu envoya l'ange vers Jérusalem pour l'exterminer ; mais au moment de l'exterminer, Yahvé regarda et se repentit de ce mal ; et il dit à l'ange exterminateur : « Assez ! Retire ta main. » L'ange de Yahvé se tenait alors près de l'aire d'Ornân le Jébuséen.

v. 16 : Levant les yeux, David vit l'ange de Yahvé qui se tenait entre terre et ciel, l'épée dégainée à la main, tendue vers Jérusalem. Revêtus de sacs, David et les anciens tombèrent alors face contre terre.

v. 18 : L'ange de Yahvé dit alors à Gad : « Que David monte et élève un autel à Yahvé sur l'aire d'Ornân le Jébuséen. »

v. 20 : Or, en se retournant, Ornân avait vu l'ange et il se cachait avec ses quatre fils. Ornân était en train de battre le froment.

v. 27 : et il ordonna à l'ange de remettre l'épée au fourreau.

v. 30 : mais David n'avait pu y aller devant Dieu pour s'adresser à lui, tant l'épée de l'ange de Yahvé lui avait fait peur.

- 2ᴱ Livre des Chroniques :

Chapitre 32 :

v. 21 : Yahvé envoya un ange qui extermina tous les vaillants preux, les capitaines et les officiers, dans le camp du roi d'Assyrie ; celui-ci s'en retourna, le visage couvert de honte, dans son pays ; puis il entra dans le temple de son dieu où quelques-uns de ses enfants le frappèrent de l'épée.

- Livre de Tobie

Chapitre 5 :

v. 4 : Tobie sortit, en quête d'un bon guide capable de venir avec lui en Médie. Dehors, il trouva Raphaël, l'ange, debout face à lui, sans se douter que c'était un ange de Dieu.

v. 5 : Il lui dit : « D'où es-tu, mon ami ? » L'ange répondit : « Je suis l'un des Israélites tes frères, je suis venu chercher du travail par là. » Tobie lui dit : « Sais-tu la route pour aller en Médie ? »

v. 10 : L'ange entra dans la maison. Tobit salua le premier, et l'autre lui répondit par des souhaits de bonheur. Tobit reprit : « Puis-je encore avoir du bonheur ? Je suis un aveugle, je ne vois plus l'éclat du ciel, je suis plongé dans l'obscurité, comme les morts qui ne contemplent plus la lumière. Je suis un enterré vivant, j'entends la voix des gens sans les voir. » L'ange lui dit : « Aie confiance, Dieu ne tardera pas à te guérir. Aie confiance ! » Tobit lui dit : « Mon fils Tobie désire aller en Médie. Veux-tu te joindre à lui comme guide ? Frère, je te paierai. » Il répondit : « Je veux bien l'accompagner, je sais tous les chemins, je suis souvent allé en Médie, j'en ai traversé toutes les plaines et les montagnes, et j'en connais toutes les pistes. »

v. 16 : « et je dépasserai le prix convenu. » L'ange répondit : « Je ferai le voyage avec lui. Ne crains rien. Notre départ se passera bien, et notre retour aussi, parce que la route est sûre. »

v. 17 : Tobit lui dit : « Sois béni, frère ! » Puis il s'adressa à son fils : « Mon enfant, dit-il, prépare ce qu'il te faut pour le voyage, et pars avec ton frère. Que le Dieu qui est dans les cieux vous protège là-bas, et qu'il vous ramène sains et saufs auprès de moi ! Que son ange vous accompagne de sa protection, mon enfant ! » Tobie sortit pour se mettre en route, et il embrassa son père et sa mère. Tobit lui dit : « Bon voyage ! »

v. 22 : « Un bon ange l'accompagnera, il fera bon voyage, et il reviendra en bien bonne santé ! »

Chapitre 6 :

v. 2 : **L'enfant partit avec l'ange, et le chien suivit derrière. Ils marchèrent tous les deux, et quand vint le premier soir, ils campèrent le long du Tigre.**

v. 4 : **et l'ange lui dit : « Attrape le poisson, et ne lâche pas ! »** Le garçon vint à bout du poisson, et le tira sur la rive.

v. 5 : L'ange lui dit : « Ouvre-le, enlève le fiel, le cœur et le foie ; mets-les à part, et jette les entrailles, parce que le fiel, le cœur et le foie font des remèdes utiles. »

v. 7 : Alors le garçon posa à l'ange cette question : « Frère Azarias, quel remède y a-t-il donc dans le cœur, le foie et le fiel de poisson ? »

v.11 : Auand Raphaël dit au jeune homme : « Frère Tobie ! » Il répondit : « Eh bien ? » L'ange reprit : « Ce soir nous devons loger chez Ragouël, c'est un parent à toi. Il a une fille du nom de Sarra. »

Chapitre 11 :

v. 14 : Et il pleura. Il s'écria : « Je te vois, mon fils, lumière de mes yeux ! » Et il dit : Béni soit Dieu, Béni son grand Nom ! Bénis tous ses saints anges ! Béni son grand Nom dans tous les siècles !

Chapitre 12 :

v. 15 : « Je suis Raphaël, un des sept Anges qui se tiennent toujours prêts à pénétrer auprès de la Gloire du Seigneur. »

Chapitre 12 :

v. 21 : Quand ils se redressèrent, il n'était plus visible. Ils louèrent Dieu par des hymnes ; ils le remercièrent d'avoir opéré de telles merveilles : un ange de Dieu ne leur était-il pas apparu !

• LIVRE D'ESTHER :

Chapitre 5 :

v. 9 : « Seigneur, lui dit-elle, je t'ai vu pareil à un ange de Dieu. Mon cœur s'est alors troublé et j'ai eu peur de ta splendeur. Car tu es admirable, Seigneur, et ton visage est plein de charmes. »

• 1ER LIVRE DES MACCABÉES :

Chapitre 7 :

v. 41 : « Lorsque les messagers du roi eurent blasphémé, ton ange sortit et frappa 185 000 des siens. »

• 2E LIVRE DES MACCABÉES :

Chapitre 11 :

v. 6 : Lorsque Maccabée et les siens apprirent que Lysias assiégeait les forteresses, ils prièrent le Seigneur avec gémissements et larmes, de concert avec la foule, d'envoyer un bon ange à Israël pour le sauver.

Chapitre 15 :

v. 22 : Il prononça en ces termes l'invocation suivante : « Ô toi, Maître, tu as envoyé ton ange sous Ezéchias, roi de la Judée, et il a exterminé 185 000 hommes de l'armée de Sennachérib. »

v. 23 : maintenant encore, ô Souverain des cieux, envoie un bon ange devant nous pour semer la crainte et l'effroi.

• Livre de Job :

Chapitre 4 :
v. 18 : À ses serviteurs mêmes, Dieu ne fait pas confiance, et il convainc ses anges d'égarement.

Chapitre 33 :
v. 23 : Alors s'il se trouve près de lui un Ange, un Médiateur pris entre mille, qui rappelle à l'homme son devoir.

• Livre des Psaumes

Psaume 34 :
v. 8 : Il campe, l'Ange de Yahvé, autour de ses fidèles, et il les dégage.

Psaume 35 :
v. 5 : Qu'ils soient de la bale au vent, l'Ange de Yahvé les poussant.
v. 6 : que leur chemin soit ténèbre et glissade, l'Ange de Yahvé les poursuivant !

Psaume 78 :
v. 49 : Il lâcha sur eux le feu de sa colère, emportement et fureur et détresse, un envoi d'anges de malheur ;

Psaume 91 :
v. 11 : il a pour toi donné ordre à ses anges de te garder en toutes tes voies.

Psaume 103 :
v. 20 : Bénissez Yahvé, tous ses anges, héros puissants, qui accomplissez sa parole, attentifs au son de sa parole.

Psaume 138 :

v. 1 : Je te rends grâce, Yahvé, de tout mon cœur, tu as entendu les paroles de ma bouche. Je te chante en présence des anges.

Psaume 148 :

v. 2 : Louez-le, tous ses anges, louez-le, toutes ses armées !

• Livre de l'Ecclésiastique

Chapitre 48 :

v. 21 : Il frappa le camp des Assyriens et son Ange les extermina.

• Livre de la Sagesse

Chapitre 16 :

v. 20 : Au contraire, c'est une nourriture d'anges que tu as donnée à ton peuple, et c'est un pain tout préparé que, du ciel, tu leur as fourni inlassablement, un pain capable de procurer toutes les délices et de satisfaire tous les goûts ;

• Livre du prophète Isaïe :

Chapitre 37 :

v. 36 : Cette même nuit, l'Ange de Yahvé sortit et frappa dans le camp assyrien 185 000 hommes. Le matin, au réveil, ce n'étaient plus que des cadavres.

Chapitre 63 :

v. 9 : Dans toutes leurs angoisses, ce n'est pas un messager ou un ange, c'est Sa Face qui les a sauvés. Dans son amour et sa pitié, c'est Lui qui les a rachetés, il s'est chargé d'eux et les a portés, tous les jours du passé.

• Livre du prophète Baruch :

Chapitre 6 :

v. 6 : Car mon ange est avec vous : c'est lui qui prendra soin de vos vies.

• Livre du prophète Daniel :

Chapitre 3 :

v. 49 : Mais l'Ange du Seigneur descendit dans la fournaise auprès d'Azarias et de ses compagnons ; il repoussa au-dehors la flamme du feu

v. 58 : Anges du Seigneur, bénissez le Seigneur : chantez-le, exaltez-le éternellement.

v. 95 : Nabuchodonosor dit : « Béni soit le Dieu de Shadrak, Méshak et Abed-Nego, qui a envoyé son ange et délivré ses serviteurs, eux qui, se confiant en lui, ont désobéi à l'ordre du roi et ont livré leur corps plutôt que de servir ou d'adorer tout autre dieu que leur Dieu. »

Chapitre 6 :

v. 23 : « Mon Dieu a envoyé son ange, il a fermé la gueule des lions et ils ne m'ont pas fait de mal, parce que j'ai été trouvé innocent devant Lui. Et devant toi aussi, ô roi, je suis sans faute. »

Chapitre 8 :

L'ange Gabriel explique la vision.

Chapitre 9 :
L'ange Gabriel explique la prophétie.

Chapitre 19 :
Apparition de l'ange.

Chapitre 13 :
v. 55 : « En vérité, dit Daniel, ton mensonge te retombe sur la tête : déjà l'Ange de Dieu a reçu de lui ta sentence et vient te fracasser par le milieu. »
v. 59 : « En vérité, dit Daniel, toi aussi, ton mensonge te retombe sur la tête : voici l'Ange de Dieu qui attend, l'épée à la main, de te trancher par le milieu, pour en finir avec vous. »

Chapitre 14 :
v. 34 : L'Ange du Seigneur lui dit : « Porte le repas que tu as là à Babylone, à Daniel, dans la fosse aux lions. »
v. 36 : L'Ange du Seigneur lui saisit la tête et l'emporta par les cheveux jusqu'à Babylone où il le posa sur le bord de la fosse, dans l'impétuosité de son souffle.
v. 39 : Il se leva et mangea, tandis que l'Ange de Dieu remettait aussitôt Habaquq en son pays.

- LIVRE DU PROPHÈTE OSÉE

Chapitre 12 :
v. 5 : Il fut fort contre l'Ange et l'emporta, il pleura et l'implora. À Béthel il le rencontra. C'est là qu'il parla avec nous.

• Livre du prophète Malachie

Chapitre 3 :

v. 1 : Voici que je vais envoyer mon messager, pour qu'il fraye un chemin devant moi. Et soudain il entrera dans son sanctuaire, le Seigneur que vous cherchez ; et l'Ange de l'alliance que vous désirez, le voici qui vient ! dit Yahvé Sabaot.

• Livre du prophète Zacharie

Chapitre 1 :

v. 9 : Je dis : « Qui sont ceux-là, mon Seigneur ? » Et l'ange qui me parlait me dit : « Je te ferai voir qui ils sont. »

v. 11 : Or ils s'adressèrent à l'Ange de Yahvé qui se tenait parmi les myrtes, et ils dirent : « Nous venons de parcourir la terre, et voici que toute la terre est en repos et tranquillité. »

v. 12 : Alors l'Ange de Yahvé prit la parole et dit : « Yahvé Sabaot, jusqu'à quand tarderas-tu à prendre en pitié Jérusalem et les villes de Juda auxquelles tu as fait sentir ta colère depuis soixante ans ? »

v. 13 : À l'ange qui me parlait, Yahvé répondit par des paroles de bonté, des paroles de consolation.

v. 14 : Alors l'ange qui me parlait me dit : « Fais cette proclamation : Ainsi parle Yahvé Sabaot. J'éprouve un amour très jaloux pour Jérusalem et pour Sion. »

Chapitre 2 :

v. 2 : Je dis à l'ange qui me parlait : « Que sont ces cornes ? » Il me dit : « Ce sont les cornes qui ont dispersé Juda (Israël) et Jérusalem. »

v. 7 : Et voici : l'ange qui me parlait s'avança et un autre ange s'avança au devant de lui.

Chapitre 3 :

v. 1 : Il me fit voir Josué, le grand prêtre, qui se tenait devant l'Ange de Yahvé, tandis que le Satan était debout à sa droite pour l'accuser.

v. 2 : L'Ange de Yahvé dit au Satan : « Que Yahvé te réprime, Satan ; que Yahvé te réprime, lui qui a fait choix de Jérusalem. Celui-ci n'est-il pas un tison tiré du feu ? »

v. 3 : Or Josué était vêtu d'habits sales lorsqu'il se tenait devant l'ange.

v. 5 : Mettez sur sa tête une tiare propre. On mit sur sa tête une tiare propre et on le revêtit d'habits propres. L'Ange de Yahvé se tenait debout

v. 6 : Puis l'Ange de Yahvé fit cette déclaration à Josué :

Chapitre 4 :

v. 1 : L'ange qui me parlait revint et me réveilla comme un homme qui est tiré de son sommeil.

v. 4 : Prenant la parole, je dis à l'ange qui me parlait : « Que signifient ces choses, mon Seigneur ? »

v. 5 : L'ange qui me parlait me répondit : « Ne sais-tu pas ce que signifient ces choses ? » Je dis : « Non, mon Seigneur. »

Chapitre 5 :

v. 2 : L'ange qui me parlait me dit : « Qu'est-ce que tu vois ? » Je répondis : « Je vois un livre qui vole ; sa longueur est de vingt coudées, sa largeur de dix. »

v. 5 : L'ange qui me parlait s'avança et me dit : « Lève les yeux et regarde ce qu'est cette chose qui s'avance. »

v. 10 : Je dis alors à l'ange qui me parlait : « Où celles-ci emportent-elles le boisseau ? »

Chapitre 6 :

v. 4 : Prenant la parole, je dis à l'ange qui me parlait : « Que signifient ceux-ci, mon Seigneur ? »

v. 5 : L'ange me répondit : « Ces quatre vents du ciel s'avancent après s'être tenus devant le Seigneur de toute la terre. »

Chapitre 12 :

v. 8 : En ce jour-là, Yahvé protégera l'habitant de Jérusalem ; celui d'entre eux qui chancelle sera comme David en ce jour-là, et la maison de David sera comme Dieu, comme l'Ange de Yahvé devant eux.

B) Les anges dans le Nouveau Testament

• Évangile de Matthieu

Chapitre 1 :

v. 20 : Alors qu'il avait formé ce projet, voici que l'Ange du Seigneur lui apparut en songe et dit : « Joseph, fils de David, ne crains pas de prendre avec toi Marie, ton épouse : car ce qui a été engendré en elle vient de l'Esprit Saint. »

v. 24 : Réveillé de son sommeil, Joseph fit comme l'Ange du Seigneur lui avait prescrit : il prit avec lui son épouse.

Chapitre 2 :

v. 13 : Quand ils se furent retirés, voici que l'Ange du Seigneur apparaît en songe à Joseph et dit : « Lève-toi, prends avec toi l'enfant et sa mère, et fuis en Égypte ; et restes-y jusqu'à ce que je te le dise. Car Hérode va rechercher l'enfant pour le faire périr. »

v. 19 : Hérode mort, voici que l'Ange du Seigneur apparaît en songe à Joseph, en Égypte,

Chapitre 4 :

v. 6 : et il lui dit : « Si tu es Fils de Dieu, jette-toi en bas ; car il est écrit : Il donnera pour toi des ordres à ses anges et sur leurs mains ils te porteront, de peur que tu ne heurtes du pied quelque pierre. »

v. 11 : Alors le diable le laisse. Et voici que des anges s'avancèrent, et ils le servaient.

Chapitre 13 :

v. 39 : l'ennemi qui la sème, c'est le Diable ; la moisson, c'est la fin du monde ; et les moissonneurs, ce sont les anges.

v. 41 : le Fils de l'homme enverra ses anges, qui ramasseront de son Royaume tous les scandales et tous les fauteurs d'iniquité,

v. 49 : Ainsi en sera-t-il à la fin du monde : les anges se présenteront et sépareront les méchants d'entre les justes

Chapitre 16 :

v. 27 : « C'est qu'en effet le Fils de l'homme doit venir dans la gloire de son Père, avec ses anges, et alors il rendra à chacun selon sa conduite. »

Chapitre 18 :

v. 10 : « Gardez-vous de mépriser aucun de ces petits : car, je vous le dis, leurs anges aux cieux voient constamment la face de mon Père qui est aux cieux. »

Chapitre 22 :

v. 30 : À la résurrection, en effet, on ne prend ni femme ni mari, mais on est comme des anges dans le ciel.

Chapitre 24 :

v. 31 : Et il enverra ses anges avec une trompette sonore, pour rassembler ses élus des quatre vents, des extrémités des cieux à leurs extrémités.

v. 36 : Quant à la date de ce jour, et à l'heure, personne ne les connaît, ni les anges des cieux, ni le Fils, personne que le Père, seul.

Chapitre 25 :

v. 31 : « Quand le Fils de l'homme viendra dans sa gloire, escorté de tous les anges, alors il prendra place sur son trône de gloire. »

v. 41 : Alors il dira encore à ceux de gauche : Allez loin de moi, maudits, dans le feu éternel qui a été préparé pour le diable et ses anges.

Chapitre 26 :

v. 53 : Ou penses-tu que je ne puisse pas invoquer mon Père, qui me fournirait à l'instant plus de douze légions d'anges ?

Chapitre 28 :

v. 2 : Et voilà qu'il se fit un grand tremblement de terre : l'Ange du Seigneur descendit du ciel et vint rouler la pierre, sur laquelle il s'assit.

v. 5 : Mais l'ange prit la parole et dit aux femmes : « Soyez sans crainte, vous : car je sais que c'est Jésus, le crucifié, que vous cherchez. »

• Évangile de Marc

Chapitre 1 :

v. 13 : Et dans le désert il était durant 40 jours, tenté par le Satan. Et il était avec les bêtes sauvages et les anges le servaient.

Chapitre 8 :

v. 38 : « Car celui qui aura honte de moi et de mes paroles dans cette génération adultère et pécheresse, le Fils de l'homme aussi rougira de lui, quand il viendra dans la gloire de son Père avec les saints anges. »

Chapitre 12 :

v. 25 : Car, lorsqu'on ressuscite d'entre les morts, on ne prend ni femme ni mari, mais on est comme des anges dans les cieux.

Chapitre 13 :

v. 27 : Et alors il enverra les anges pour rassembler ses élus, des quatre vents, de l'extrémité de la terre à l'extrémité du ciel.

v. 32 : « Quant à la date de ce jour, ou à l'heure, personne ne les connaît, ni les anges dans le ciel, ni le Fils, personne que le Père. »

• Évangile de Luc

Chapitre 1 :

v. 11 : Alors lui apparut l'Ange du Seigneur, debout à droite de l'autel de l'encens.

v. 13 : Mais l'ange lui dit : « Sois sans crainte, Zacharie, car ta supplication a été exaucée ; ta femme Elisabeth t'enfantera un fils, et tu l'appelleras du nom de Jean. »

v. 18 : Zacharie dit à l'ange : « À quoi connaîtrai-je cela ? Car moi je suis un vieillard et ma femme est avancée en âge. »

v. 19 : Et l'ange lui répondit : « Moi je suis Gabriel, qui me tiens devant Dieu, et j'ai été envoyé pour te parler et t'annoncer cette bonne nouvelle. »

v. 26 : Le sixième mois, l'ange Gabriel fut envoyé par Dieu dans une ville de Galilée, du nom de Nazareth,

v. 30 : Et l'ange lui dit : « Sois sans crainte, Marie ; car tu as trouvé grâce auprès de Dieu. »

v. 34 : Mais Marie dit à l'ange : « Comment cela sera-t-il, puisque je ne connais pas d'homme ? »

v. 35 : L'ange lui répondit : « L'Esprit Saint viendra sur toi, et la puissance du Très-Haut te prendra sous son ombre ; c'est pourquoi l'être saint qui naîtra sera appelé Fils de Dieu. »

v. 38 : Marie dit alors : « Je suis la servante du Seigneur ; qu'il m'advienne selon ta parole ! » Et l'ange la quitta.

Chapitre 2 :

v. 9 : L'Ange du Seigneur se tint près d'eux et la gloire du Seigneur les enveloppa de sa clarté ; et ils furent saisis d'une grande crainte.

v. 10 : Mais l'ange leur dit : « Soyez sans crainte, car voici que je vous annonce une grande joie, qui sera celle de tout le peuple. »

v. 13 : Et soudain se joignit à l'ange une troupe nombreuse de l'armée céleste, qui louait Dieu, en disant :

v. 15 : Et il advint, quand les anges les eurent quittés pour le ciel, que les bergers se dirent entre eux : « Allons jusqu'à Bethléem et voyons ce qui est arrivé et que le Seigneur nous a fait connaître. »

v. 21 : Et lorsque furent accomplis les huit jours pour sa circoncision, il fut appelé du nom de Jésus, nom indiqué par l'ange avant sa conception.

Chapitre 4 :

v. 10 : car il est écrit : Il donnera pour toi des ordres à ses anges, afin qu'ils te gardent.

Chapitre 9 :

v. 26 : Car celui qui aura honte de moi et de mes paroles, de celui-là le Fils de l'homme aura honte, lorsqu'il viendra dans sa gloire et celle du Père et des saints anges.

Chapitre 12 :

v. 8 : « Je vous le dis, quiconque se sera déclaré pour moi devant les hommes, le Fils de l'homme aussi se déclarera pour lui devant les anges de Dieu. »

v. 9 : mais celui qui m'aura renié à la face des hommes sera renié à la face des anges de Dieu.

Chapitre 15 :

v. 10 : « C'est ainsi, je vous le dis, qu'il naît de la joie devant les anges de Dieu pour un seul pécheur qui se repent. »

Chapitre 16 :

v. 22 : Or il advint que le pauvre mourut et fut emporté par les anges dans le sein d'Abraham. Le riche aussi mourut, et on l'ensevelit.

Chapitre 20 :

v. 36 : aussi bien ne peuvent-ils plus mourir, car ils sont pareils aux anges, et ils sont fils de Dieu, étant fils de la résurrection.

Chapitre 22 :

v. 43 : Alors lui apparut, venant du ciel, un ange qui le réconfortait.

Chapitre 23 :

Le tombeau trouvé vide et le message de l'ange

Chapitre 24 :

v. 23 : et n'ayant pas trouvé son corps, elles sont revenues nous dire qu'elles ont même eu la vision d'anges qui le disent vivant.

- ÉVANGILE DE JEAN

Chapitre 1 :

v. 51 : Et il lui dit : « En vérité, en vérité, je vous le dis, vous verrez le ciel ouvert et les anges de Dieu monter et descendre au-dessus du Fils de l'homme. »

Chapitre 5

v. 4 : Car l'ange du Seigneur descendait de temps en temps dans la piscine et l'eau s'agitait : le premier donc qui y entrait, après que l'eau avait été agitée, recouvrait la santé, de quelque mal qu'il fût atteint.

Chapitre 12 :

v. 29 : La foule qui se tenait là et qui avait entendu, disait qu'il y avait eu un coup de tonnerre ; d'autres disaient : « Un ange lui a parlé. »

Chapitre 20 :

v. 12 : et elle voit deux anges, en vêtements blancs, assis là où avait reposé le corps de Jésus, l'un à la tête et l'autre aux pieds.

• ACTES DES APÔTRES

Chapitre 5 :

v. 19 : Mais pendant la nuit l'Ange du Seigneur ouvrit les portes de la prison, les fit sortir et dit :

Chapitre 6 :

v. 15 : Or, tous ceux qui siégeaient au Sanhédrin avaient les yeux fixés sur lui, et son visage leur apparut semblable à celui d'un ange.

Chapitre 7 :

v. 30 : « Au bout de 40 ans, un ange lui apparut au désert du mont Sinaï, dans la flamme d'un buisson en feu.

v. 35 : « Ce Moïse qu'ils avaient renié en disant : Qui t'a établi chef et juge ? Voici que Dieu le leur envoyait comme chef et rédempteur, par l'entremise de l'ange qui lui était apparu dans le buisson. »

v. 38 : C'est lui qui, lors de l'assemblée au désert, était avec l'ange qui lui parlait sur le mont Sinaï, tout en restant avec nos pères, lui qui reçut les paroles de vie pour nous les donner.

v. 53 : « vous qui avez reçu la Loi par le ministère des anges et ne l'avez pas observée. »

Chapitre 8 :

v. 26 : L'Ange du Seigneur s'adressa à Philippe et lui dit : « Pars et va-t'en, à l'heure de midi, sur la route qui descend de Jérusalem à Gaza ; elle est déserte. »

Chapitre 10 :

v. 3 : Il eut une vision. Vers la neuvième heure du jour, l'Ange de Dieu – il le voyait clairement – entrait chez lui et l'appelait : « Corneille ! »

v. 4 : Il le regarda et fut pris de frayeur. « Qu'y a-t-il, Seigneur ? » Demanda-t-il. « Tes prières et tes aumônes, lui répondit l'ange, sont montées devant Dieu, et il s'est souvenu de toi.

v. 7 : Quand l'ange qui lui parlait fut parti, Corneille appela deux de ses domestiques ainsi qu'un soldat pieux, de ceux qui lui étaient attachés,

v. 22 : Ils répondirent : « Le centurion Corneille, homme juste et craignant Dieu, à qui toute la nation juive rend bon témoignage, a reçu d'un ange saint l'avis de te faire venir chez lui et d'entendre les paroles que tu as à dire. »

Chapitre 11 :

v. 13 : Il nous raconta comment il avait vu un ange se présenter chez lui et lui dire : Envoie quérir à Joppé Simon, surnommé Pierre.

Chapitre 12 :

v. 7 : Soudain, l'Ange du Seigneur survint, et le cachot fut inondé de lumière. L'ange frappa Pierre au côté et le fit lever : « Debout ! Vite ! » dit-il. Et les chaînes lui tombèrent des mains.

v. 8 : L'ange lui dit alors : « Mets ta ceinture et chausse tes sandales » ; ce qu'il fit. Il lui dit encore : « Jette ton manteau sur tes épaules et suis-moi. »

v. 9 : Pierre sortit, et il le suivait ; il ne se rendait pas compte que ce fût vrai, ce qui se faisait par l'ange, mais il se figurait avoir une vision.

v. 10 : Ils franchirent ainsi un premier poste de garde, puis un second, et parvinrent à la porte de fer qui donne sur la ville. D'elle-même, elle s'ouvrit devant eux. Ils sortirent, allèrent jusqu'au bout d'une rue, puis brusquement l'ange le quitta.

v. 11 : Alors Pierre, revenant à lui, dit : « Maintenant je sais réellement que le Seigneur a envoyé son Ange et m'a arraché aux mains d'Hérode et à tout ce qu'attendait le peuple des Juifs. »

v. 15 : On lui dit : « Tu es folle ! » mais elle soutenait qu'il en était bien ainsi. « C'est son ange ! » dirent-ils alors.

v. 23 : Mais à l'instant même, l'Ange du Seigneur le frappa, parce qu'il n'avait pas rendu gloire à Dieu ; et rongé de vers, il rendit l'âme.

Chapitre 23 :

v. 8 : Les Sadducéens disent en effet qu'il n'y a ni résurrection, ni ange, ni esprit, tandis que les Pharisiens professent l'un et l'autre.

v. 9 : Il se fit donc une grande clameur. Quelques scribes du parti des Pharisiens se levèrent et protestèrent énergiquement : « Nous ne trouvons rien de mal en cet homme. Et si un esprit lui avait parlé ? Ou un ange ? »

Chapitre 27 :

v. 23 : Cette nuit en effet m'est apparu un ange du Dieu auquel j'appartiens et que je sers,

- ÉPÎTRE AUX ROMAINS

Chapitre 8 :

v. 38 : Oui, j'en ai l'assurance, ni mort ni vie, ni anges ni principautés, ni présent ni avenir, ni puissances,

- 1re ÉPÎTRE AUX CORINTHIENS

Chapitre 4 :

v. 9 : Car Dieu, ce me semble, nous a, nous les apôtres, exhibés au dernier rang, comme des condamnés à mort ; oui, nous avons été livrés en spectacle au monde, aux anges et aux hommes.

Chapitre 6 :

v. 3 : Ne savez-vous pas que nous jugerons les anges ? À plus forte raison les choses de cette vie !

Chapitre 11 :

v. 10 : Voilà pourquoi la femme doit avoir sur la tête un signe de sujétion, à cause des anges.

Chapitre 13 :

v. 1 : Quand je parlerais les langues des hommes et des anges, si je n'ai pas la charité, je ne suis plus qu'airain qui sonne ou cymbale qui retentit.

• 2E ÉPÎTRE AUX CORINTHIENS

Chapitre 11 :

v. 14 : Et rien d'étonnant : Satan lui-même se déguise bien en ange de lumière.

Chapitre 12 :

v. 7 : Et pour que l'excellence même de ces révélations ne m'enorgueillisse pas, il m'a été mis une écharde en la chair, un ange de Satan chargé de me souffleter pour que je ne m'enorgueillisse pas !

• ÉPÎTRE AUX GALATES

Chapitre 1 :

v. 8 : Eh bien ! si nous-même, si un ange venu du ciel vous annonçait un évangile différent de celui que nous avons prêché, qu'il soit anathème !

Chapitre 3 :

v. 19 : Alors pourquoi la Loi ? Elle fut ajoutée en vue des transgressions, jusqu'à la venue de la descendance à qui était destinée la promesse, édictée par le ministère des anges et l'entremise d'un médiateur.

Chapitre 4 :

v. 14 : et, malgré l'épreuve que vous était ce corps infirme, vous n'avez marqué ni mépris ni dégoût ; mais vous m'avez accueilli comme un ange de Dieu, comme le Christ Jésus.

• Épître aux Colossiens

Chapitre 2 :

v. 18 : Que personne n'aille vous en frustrer, en se complaisant dans d'humbles pratiques, dans un culte des anges : celui-là donne toute son attention aux choses qu'il a vues, bouffi qu'il est d'un vain orgueil par sa pensée charnelle,

• 2e Épître aux Thessaloniciens

Chapitre 1 :

v. 7 : et à vous, qui la subissez, le repos avec nous, quand le Seigneur Jésus se révélera du haut du ciel, avec les anges de sa puissance,

• 1re Épître à Timothée

Chapitre 3 :

v. 16 : Oui, c'est incontestablement un grand mystère que celui de la piété : Il a été manifesté dans la chair, justifié dans l'Esprit, vu des anges, proclamé chez les païens, cru dans le monde, enlevé dans la gloire.

Chapitre 5 :

v. 21 : Je t'en conjure devant Dieu, le Christ Jésus et les anges élus, observe ces règles avec impartialité, sans rien faire par favoritisme.

• ÉPÎTRE AUX HÉBREUX

Chapitre 1 :

v. 4 : devenu d'autant supérieur aux anges que le nom qu'il a reçu en héritage est incomparable au leur.

v. 5 : Auquel des anges, en effet, Dieu a-t-il jamais dit : Tu es mon Fils, moi, aujourd'hui, je t'ai engendré ? Et encore : Je serai pour lui un père, et lui sera pour moi un fils.

v. 6 : Et de nouveau, lorsqu'il introduit le Premier-né dans le monde, il dit : Que tous les anges de Dieu l'adorent.

v. 7 : Tandis qu'il s'exprime ainsi en s'adressant aux anges : Il fait de ses anges des vents, de ses serviteur une flamme ardente,

v. 13 : Et auquel des anges a-t-il jamais dit : Assieds-toi à ma droite jusqu'à ce que je place tes ennemis comme un escabeau sous tes pieds ?

Chapitre 2 :

v. 2 : Si déjà la parole promulguée par des anges s'est trouvée garantie et si toute transgression et désobéissance a reçu une juste rétribution,

v. 5 : En effet, ce n'est pas à des anges qu'il a soumis le monde à venir dont nous parlons.

v. 7 : Tu l'as un moment abaissé au-dessous des anges. Tu l'as couronné de gloire et d'honneur.

v. 9 : Mais celui qui a été abaissé un moment au-dessous des anges, Jésus, nous le voyons couronné de gloire et d'honneur, parce qu'il a souffert la mort : il fallait que, par la grâce de Dieu, au bénéfice de tout homme, il goûtât la mort.

v. 16 : Car ce n'est certes pas des anges qu'il se charge, mais c'est de la descendance d'Abraham qu'il se charge.

Chapitre 12 :

v. 22 : Mais vous vous êtes approchés de la montagne de Sion et de la cité du Dieu vivant, de la Jérusalem céleste, et de myriades d'anges, réunion de fête,

Chapitre 13 :

v. 2 : N'oubliez pas l'hospitalité, car c'est grâce à elle que sans le savoir, certains ont hébergé des anges.

• 1re Épître de Pierre

Chapitre 1 :

v. 12 : Il leur fut révélé que ce n'était pas pour eux-mêmes, mais pour vous, qu'ils administraient ce message, que maintenant vous annoncent ceux qui vous prêchent l'Évangile, dans l'Esprit Saint envoyé du ciel, et sur lequel les anges se penchent avec convoitise.

Chapitre 3 :

v. 22 : lui qui, passé au ciel, est à la droite de Dieu, après s'être soumis les Anges, les Dominations et les Puissances.

• 2e Épître de Pierre

Chapitre 2 :

v. 4 : Car si Dieu n'a pas épargné les Anges qui avaient péché, mais les a mis dans le Tartare et livrés aux abîmes de ténèbres, où ils sont réservés pour le Jugement ;

v. 11 : alors que les Anges, quoique supérieurs en force et en puissance, ne portent pas contre elles devant le Seigneur de jugement calomnieux.

• ÉPÎTRE DE JUDE

Chapitre 1 :

v. 6 : Quant aux anges, qui n'ont pas conservé leur primauté, mais ont quitté leur propre demeure, c'est pour le jugement du grand Jour qu'il les a gardés dans des liens éternels, au fond des ténèbres.

• LIVRE DE L'APOCALYPSE

Chapitre 1 :

v. 1 : Révélation de Jésus Christ : Dieu la lui donna pour montrer à ses serviteurs ce qui doit arriver bientôt ; Il envoya son Ange pour la faire connaître à Jean son serviteur,

v. 20 : Quant au mystère des sept étoiles que tu as vues dans ma main droite et des sept candélabres d'or, le voici : les sept étoiles sont les Anges des sept Églises ; et les sept candélabres sont les sept Églises.

Chapitre 2 :

v. 1 : « À l'Ange de l'Église d'Éphèse, écris : Ainsi parle celui qui tient les sept étoiles en sa droite et qui marche au milieu des sept candélabres d'or. »

v. 8 : « À l'Ange de l'Église de Smyrne, écris : Ainsi parle le Premier et le Dernier, celui qui fut mort et qui a repris vie. »

v. 12 : « À l'Ange de l'Église de Pergame, écris : Ainsi parle celui qui possède l'épée acérée à double tranchant. »

v. 18 : « À l'Ange de l'Église de Thyatire, écris : Ainsi parle le Fils de Dieu, dont les yeux sont comme une flamme ardente et les pieds pareils à de l'airain précieux. »

Chapitre 3 :

v. 1 : « À l'Ange de l'Église de Sardes, écris : Ainsi parle celui qui possède les sept Esprits de Dieu et les sept étoiles. Je connais ta conduite ; tu passes pour vivant, mais tu es mort. »

v. 5 : Le vainqueur sera donc revêtu de blanc ; et son nom, je ne l'effacerai pas du livre de vie, mais j'en répondrai devant mon Père et devant ses Anges.

v. 7 : « À l'Ange de l'Église de Philadelphie, écris : Ainsi parle le Saint, le Vrai, celui qui détient la clef de David : s'il ouvre, nul ne fermera, et s'il ferme, nul n'ouvrira. »

v. 14 : « À l'Ange de l'Église de Laodicée, écris : Ainsi parle l'Amen, le Témoin fidèle et vrai, le Principe de la création de Dieu. »

Chapitre 5 :

v. 2 : Et je vis un Ange puissant proclamant à pleine voix : « Qui est digne d'ouvrir le livre et d'en briser les sceaux ? »

v. 11 : Et ma vision se poursuivit. J'entendis la voix d'une multitude d'Anges rassemblés autour du trône, des Vivants et des Vieillards – ils se comptaient par myriades de myriades et par milliers de milliers !

Chapitre 7 :

v. 1 : Après quoi je vis quatre Anges, debout aux quatre coins de la terre, retenant les quatre vents de la terre pour qu'il ne soufflât point de vent, ni sur la terre, ni sur la mer, ni sur aucun arbre.

v. 2 : Puis je vis un autre Ange monter de l'orient, portant le sceau du Dieu vivant ; il cria d'une voix puissante aux quatre Anges auxquels il fut donné de malmener la terre et la mer :

v. 11 : Et tous les Anges en cercle autour du trône, des Vieillards et des quatre Vivants, se prosternèrent devant le trône, la face contre terre, pour adorer Dieu ;

Chapitre 8 :

v. 2 : Et je vis les sept Anges qui se tiennent devant Dieu ; on leur remit sept trompettes.

v. 3 : Un autre Ange vint alors se placer près de l'autel, muni d'une pelle en or. On lui donna beaucoup de parfums pour qu'il les offrît, avec les prières de tous les saints, sur l'autel d'or placé devant le trône.

v. 4 : Et, de la main de l'Ange, la fumée des parfums s'éleva devant Dieu, avec les prières des saints.

v. 5 : Puis l'Ange saisit la pelle et l'emplit du feu de l'autel qu'il jeta sur la terre. Ce furent alors des tonnerres, des voix et des éclairs, et tout trembla.

v. 6 : Les sept Anges aux sept trompettes s'apprêtèrent à sonner.

v. 8 : Et le deuxième Ange sonna… Alors une énorme masse embrasée, comme une montagne, fut projetée dans la mer, et le tiers de la mer devint du sang :

v. 10 : Et le troisième Ange sonna… Alors tomba du ciel un grand astre, brûlant comme une torche. Il tomba sur le tiers des fleuves et sur les sources ;

v. 12 : Et le quatrième Ange sonna… Alors furent frappés le tiers du soleil et le tiers de la lune et le tiers des étoiles : ils s'assombrirent d'un tiers, et le jour perdit le tiers de sa clarté, et la nuit de même.

v. 13 : Et ma vision se poursuivit. J'entendis un aigle volant au zénith et criant d'une voix puissante : « Malheur, malheur, malheur aux habitants de la terre, à cause de la voix des dernières trompettes dont les trois Anges vont sonner.

Chapitre 9 :

v. 1 : Et le cinquième Ange sonna… Alors je vis un astre qui du ciel avait chu sur la terre. On lui remit la clef du puits de l'Abîme ?

v. 11 : À leur tête, comme roi, elles ont l'Ange de l'Abîme ; il s'appelle en hébreu : « Abaddôn », et en grec : « Apollyôn. »

v. 13 : Et le sixième Ange sonna… Alors j'entendis une voix venant des quatre cornes de l'autel d'or placé devant Dieu ;

v. 14 : elle dit au sixième Ange portant trompette : « Relâche les quatre Anges enchaînés sur le grand fleuve Euphrate. »

v. 15 : Et l'on relâcha les quatre Anges qui se tenaient prêts pour l'heure et le jour et le mois et l'année, afin d'exterminer le tiers des hommes.

Chapitre 10 :

v. 1 : Je vis ensuite un autre Ange, puissant, descendre du ciel enveloppé d'une nuée, un arc-en-ciel au-dessus de la tête, le visage comme le soleil et les jambes comme des colonnes de feu.

v. 5 : Alors l'Ange que j'avais vu, debout sur la mer et la terre, leva la main droite au ciel.

v. 7 : « Mais aux jours où l'on entendra le septième Ange, quand il sonnera de la trompette, alors sera consommé le mystère de Dieu, selon la bonne nouvelle qu'il en a donnée à ses serviteurs les prophètes. »

v. 8 : Puis la voix du ciel, que j'avais entendue, me parla de nouveau : « Va prendre le petit livre ouvert dans la main de l'Ange debout sur la mer et sur la terre. »

v. 9 : « Je m'en fus alors prier l'Ange de me donner le petit livre ; et lui me dit : tiens, mange-le ; il te remplira les entrailles d'amertume, mais en ta bouche il aura la douceur du miel. »

v. 10 : « Je pris le petit livre de la main de l'Ange et l'avalai ; dans ma bouche, il avait la douceur du miel, mais quand je l'eus mangé, il remplit mes entrailles d'amertume. »

Chapitre 11 :

v. 15 : Et le septième Ange sonna… Alors, au ciel, des voix clamèrent : « La royauté du monde est acquise à notre Seigneur ainsi qu'à son Christ ; il régnera dans les siècles des siècles. »

Chapitre 12 :

v. 7 : Alors, il y eut une bataille dans le ciel : Michel et ses Anges combattirent le Dragon. Et le Dragon riposta, avec ses Anges.

v. 9 : On le jeta donc, l'énorme Dragon, l'antique Serpent, le Diable ou le Satan, comme on l'appelle, le séducteur du monde entier, on le jeta sur la terre et ses Anges furent jetés avec lui.

Chapitre 14 :

v. 6 : Puis je vis un autre Ange qui volait au zénith, ayant une bonne nouvelle éternelle à annoncer à ceux qui demeurent sur la terre, à toute nation, race, langue et peuple.

v. 8 : Un autre Ange, un deuxième, le suivit en criant : « Elle est tombée, elle est tombée, Babylone la Grande, elle qui a abreuvé toutes les nations du vin de la colère. »

v. 9 : Un autre Ange, un troisième, les suivit, criant d'une voix puissante : « Quiconque adore la Bête et son image, et se fait marquer sur le front ou sur la main. »

v. 10 : lui aussi boira le vin de la fureur de Dieu, qui se trouve préparé, pur, dans la coupe de sa colère. Il subira le supplice du feu et du soufre, devant les saints Anges et devant l'Agneau.

v. 15 : Puis un autre Ange sortit du temple et cria d'une voix puissante à celui qui était assis sur la nuée : « Jette ta faucille et moissonne, car c'est l'heure de moissonner, la moisson de la terre est mûre. »

v. 17 : Puis un autre Ange sortit du temple, au ciel, tenant également une faucille aiguisée.

v. 18 : Et un autre Ange sortit de l'autel – l'Ange préposé au feu – et cria d'une voix puissante à celui qui tenait la faucille : « Jette ta faucille aiguisée, vendange les grappes dans la vigne de la terre, car ses raisins sont mûrs. »

v. 19 : L'Ange alors jeta sa faucille sur la terre, il en vendangea la vigne et versa le tout dans la cuve de la colère de Dieu, cuve immense !

Chapitre 15 :

v. 1 : Puis je vis dans le ciel encore un signe, grand et merveilleux : sept Anges, portant sept fléaux, les derniers puisqu'ils doivent consommer la colère de Dieu.

v. 6 : d'où sortirent les sept Anges aux sept fléaux, vêtus de robes de lin pur, éblouissantes, serrées à la taille par des ceintures en or.

v. 7 : Puis, l'un des quatre Vivants remit aux sept Anges sept coupes en or remplies de la colère du Dieu qui vit pour les siècles des siècles.

v. 8 : Et le temple se remplit d'une fumée produite par la gloire de Dieu et par sa puissance, en sorte que nul ne put y pénétrer jusqu'à la consommation des sept fléaux des sept Anges.

Chapitre 16 :

v. 1 : Et j'entendis une voix qui, du temple, criait aux sept Anges : « Allez, répandez sur la terre les sept coupes de la colère de Dieu. »

v. 5 : Et j'entendis l'Ange des eaux qui disait : « Tu es juste, Il est et Il était, le Saint, d'avoir ainsi châtié. »

Chapitre 17 :

v. 1 : Alors l'un des sept Anges aux sept coupes s'en vint me dire : « Viens, que je te montre le jugement de la Prostituée fameuse, assise au bord des grandes eaux. »

v. 7 : mais l'Ange me dit : « Pourquoi t'étonner ? Je vais te dire, moi, le mystère de la femme et de la Bête qui la porte, aux sept têtes et aux dix cornes. »

v. 15 : « Et ces eaux-là, poursuivit l'Ange, où la Prostituée est assise, ce sont des peuples, des foules, des nations et des langues. »

Chapitre 18 :

v. 1 : Après quoi, je vis descendre du ciel un autre Ange, ayant un grand pouvoir, et la terre fut illuminée de sa splendeur.

v. 21 : Un Ange puissant prit alors une pierre, comme une grosse meule, et la jeta dans la mer en disant : « Ainsi, d'un coup, on jettera Babylone, la grande cité, on ne la verra jamais plus… »

v. 17 : Puis je vis un Ange, debout sur le soleil, crier d'une voix puissante à tous les oiseaux qui volent au zénith : « Venez, ralliez le grand festin de Dieu ! »

Chapitre 20 :

v. 1 : Puis je vis un Ange descendre du ciel, ayant en main la clef de l'Abîme, ainsi qu'une énorme chaîne.

Chapitre 21 :

v. 9 : Alors, l'un des sept Anges aux sept coupes remplies des sept derniers fléaux s'en vint me dire : « Viens, que je te montre la Fiancée, l'Épouse de l'Agneau. »

v. 12 : Elle est munie d'un rempart de grande hauteur pourvu de douze portes près desquelles y a douze Anges et des noms inscrits, ceux des douze tribus des fils d'Israël ;

v. 17 : Puis il en mesura le rempart, soit 144 coudées. – L'Ange mesurait d'après une mesure humaine.

Chapitre 22 :

v. 1 : Puis l'Ange me montra le fleuve de Vie, limpide comme du cristal, qui jaillissait du trône de Dieu et de l'Agneau.

v. 6 : Puis il me dit : « Ces paroles sont certaines et vraies ; le Seigneur Dieu, qui inspire les prophètes, a envoyé son Ange pour montrer à ses serviteurs ce qui doit arriver bientôt. »

v. 8 : C'est moi, Jean, qui voyais et entendais tout cela ; une fois les paroles et les visions achevées, je tombai aux pieds de l'Ange qui m'avait tout montré, pour l'adorer.

v. 16 : Moi, Jésus, j'ai envoyé mon Ange vous attester cela au sujet des Églises. Moi, je suis le rejeton et la race de David, l'Étoile resplendissante du matin.

APPENDICE II

LES PLUS BEAUX TEXTES SUR LES ANGES

1. TOUT EST PLEIN D'ANGES

Texte d'Origène (185-252/254)

Disciple de Clément d'Alexandrie, Origène a été l'un des plus grands théologiens de l'école d'Alexandrie, quoique certaines de ses positions aient pu « sentir le fagot » au temps des grandes controverses christologiques qui favorisèrent la naissance de l'arianisme, opposant résolument les Alexandrins à l'école d'Antioche. Il est l'auteur du schéma corps-âme-esprit, et le grand chef de file de la gnose chrétienne. Il enseigna à partir de 231 à Césarée Maritime, grand centre hellénistique de Palestine, dont l'historien Eusèbe de Césarée fut évêque quelques années après la mort d'Origène.

« À l'avènement du Christ, les cieux se sont ouverts… Et tous les anges sont descendus vers ceux qui allaient être sauvés… Mais les anges sont descendus parce que le Christ, lui, était descendu le premier. Avant d'en avoir reçu l'ordre du Seigneur de l'univers visible et invisible, ils craignaient de descendre. Mais quand ils virent le Prince des armées du ciel demeurer sur la terre, alors ils s'engagèrent sur la voie ouverte, suivant leur Seigneur pour obéir à la volonté de celui qui les donne pour gardiens à ceux qui croient en lui… « Ne méprisez aucun de ces petits » qui sont dans l'Église, dit le Seigneur, « Je vous le dis en vérité, leurs anges à tout instant voient la face du Père qui est aux cieux » (Mt 18, 10).

Les anges sont au service de votre salut. Ils ont été donnés au Fils de Dieu pour le servir, et ils disent entre eux : « S'il est descendu, lui, dans un corps, s'il a revêtu une chair mortelle, s'il a supporté la Croix et s'il est mort pour les hommes, pourquoi restons-nous à ne rien faire ? Pourquoi nous ménageons-nous ? Allons, anges, descendons du ciel. » C'est ainsi qu'il y avait une multitude d'anges pour louer et glorifier Dieu quand le Christ est né. Tout est plein d'anges.

Viens, ange, reçois en charge l'homme que le Verbe a détourné de l'erreur primitive. Après l'avoir reçu, comme un bon médecin, réchauffe-le, instruis-le. C'est un tout petit, car il vient au monde aujourd'hui ce vieillard redevenu petit enfant. Reçois-le après le baptême de régénération, appelle à ton secours tes compagnons de service et, tous ensemble, donnez l'enseignement de la foi à ceux qui autrefois furent séduits. « Il y a plus de joie dans le ciel pour un seul pécheur qui se convertit que pour quatre-vingt-dix-neuf justes qui n'ont pas besoin de conversion[1] » (Lc 15, 17).

---

1. Origène, *Homélies sur Ezéchiel* 1, 7.Pour le paragraphe central nous avons utilisé la traduction de J. Daniélou dans *Le Mystère de l'Avent*, p. 108.

2. Saint Michel Archange

Texte de Saint Pantaléon, médecin, martyr

Saint Pantaléon (vers 303) vivait à Nicomédie. Son père était païen et sa mère chrétienne ; celle-ci mourut malheureusement bien trop tôt pour son enfant. Pantaléon, élevé dans la religion de Jésus-Christ, quoique non encore baptisé, subit l'influence de son père et finit par oublier les principes que sa mère lui avait inculqués dans son enfance.

Il s'attacha à l'étude de la médecine et y devint si célèbre, que l'empereur Maximien-Galère le choisit pour son médecin et voulut l'avoir à sa cour. Un prêtre chrétien, nommé Hermolaüs, résolut de ramener à la foi chrétienne un homme qui avait de si brillantes qualités ; il s'introduisit dans sa confiance et en vint à lui rappeler les vérités de la religion : « À quoi, lui dit-il, vous serviront vos connaissances, si vous ignorez la science du salut ? » Pantaléon n'hésita plus à se faire baptiser et devint de plus en plus un apôtre de la foi ; à la mort de son père il vendit tous ses biens, les employa en bonnes œuvres et ne se réserva que le produit de l'exercice de sa profession. Des médecins jaloux le dénoncèrent comme chrétien à l'empereur. Pantaléon fut condamné à divers supplices et fut enfin décapité.

Abbé L. Jaud, *Vie des Saints pour tous les jours de l'année*,
Tours, Mame, 1950.

**

Quel plus grand défenseur des fidèles, quel plus grand ministre des manifestations de l'Ancien et du Nouveau Testament trouvons-nous que Michel dont le nom est doux et la personne plus encore ?

Michel, plein de ferveur angélique, se tient près du trône grand et redoutable de Dieu en grande dévotion, révérence, force et stabilité et chante sans fin, avec les Chérubins aux yeux innombrables et les séraphins aux six ailes, l'hymne de louange : Saint, Saint, Saint.

Michel, assistant véridique et fidèle de Dieu, guide plein de sagesse de ceux qui croient en lui, lui qui retint le glaive d'Abraham, lui qui fut le ministre de la Loi divine promulguée au Mont Sinaï, lui dont le nom signifie, Chef et armée de Dieu, combattant et défenseur de ceux qui mettent leur espérance dans le Seigneur.

Michel fut établi par Dieu assistant de la Sainte Trinité, mystagogue et illuminateur de la hiérarchie céleste, initiateur de l'Ancien Testament qui passe et de notre nouvel héritage dans le Christ.

C'est lui qui chaque année sanctifiait la piscine probatique en figure du saint baptême, et celui qui s'y plongeait le premier était guéri, quelle que fût sa maladie.

Michel, luminaire admirable et splendide qui ne connaît pas de couchant, colonne de feu non faite de main d'homme pour l'Église Sainte et Apostolique, cette échelle qui monte au ciel et par où descend tout don parfait.

Michel voit sans cesse la face de notre Père qui est dans le ciel et se réjouit, se réjouit avec le Seigneur de l'univers parce que ceux qui avaient péri ont été retrouvés, il est en fête avec toute l'armée du ciel pour un seul pécheur qui fait pénitence.

C'est lui qui sonnera avec la trompette l'appel terrible et éclatant qui ébranlera les fondements de la terre et les abîmes, quand viendra la consommation des temps.

C'est lui qui, en un clin d'œil fera se lever tous les morts et les rassemblera pour le jugement et la rétribution et alors chacun recevra selon sa vie, bonne ou mauvaise[1].

3. Les Anges et le Saint-Esprit

Textes de Saint Basile de Césarée, Docteur de l'Église

Saint Basile (329-379) s'éleva vite au niveau des grands hommes, non moins qu'à la hauteur des Saints : « Il était, dit son ami Grégoire de Nazianze, au-dessus de son âge par son instruction, au-dessus de son instruction par sa vertu ; il était rhéteur avant d'avoir étudié l'art des rhéteurs, philosophe avant d'avoir étudié la philosophie, prêtre avant d'avoir reçu le sacerdoce. » Ses aptitudes universelles, sa rare modestie, ses vertus éminentes, lui conciliaient l'estime et l'admiration de tous.

À vingt-trois ans, il parut à Athènes et se lia avec Grégoire de Nazianze, au point que tous les deux ne faisaient qu'un cœur et qu'une âme. De retour en son pays, les applaudissements qu'il reçut l'exposèrent à une tentation de vaine gloire dont il fut si effrayé, qu'il embrassa l'état monastique pour y vivre dans l'oubli du monde et la pénitence ; il fonda plusieurs monastères, écrivit, pour

---

1. Saint Pantaléon Diacre de Constantinople, extrait du *Lectionnaire Dominicain.*

les diriger, des ouvrages ascétiques très estimés et traça des règles de vie religieuse demeurées célèbres.

Le zèle contre l'hérésie d'Arius le fit un jour sortir de sa retraite, et bientôt il courbait la tête sous le fardeau de l'épiscopat. Ni les intrigues, ni les menaces n'eurent jamais prise sur cette grande âme. Le saint pontife mourut à cinquante et un ans, ne laissant pas de quoi se faire élever un tombeau de pierre.

Abbé L. Jaud, *Vie des Saints pour tous les jours de l'année*, Tours, Mame, 1950.

**

« Les cieux furent affermis par la Parole du Seigneur, et leur puissance par le souffle de sa bouche » (Ps 32, 6). [...] Comment ne pas penser aux Trois : le Seigneur qui ordonne, la Parole qui crée, le Souffle qui affermit ? Qu'est-ce donc qu'« affermir », sinon parfaire en sainteté, ce mot désignant sûrement le fait d'être ferme, immuable et solidement fixé dans le bien ? Mais, sans l'Esprit, pas de sainteté, car les puissances des cieux ne sont pas saintes par nature, sans quoi elles ne différeraient aucunement de l'Esprit-Saint : elles tiennent de l'Esprit la mesure de leur sainteté à proportion de leur supériorité les unes au-dessus des autres. En effet, la substance des puissances célestes est un souffle aérien, peut-être, ou un feu immatériel, mais la sainteté, qui est extrinsèque à leur essence, leur apporte la perfection, par la communication de l'Esprit : et dès lors, ces puissances se maintiennent dans leur dignité en persévérant dans le bien, parce que, gardant elles-mêmes la maîtrise de leur choix, elles ne s'écartent jamais du vrai bien. Supprime donc l'Esprit par la pensée, et les chœurs des

Anges se désagrègent, les hiérarchies angéliques disparaissent, tout est bouleversé de fond en comble, voilà leur vie sans loi, sans ordre, sans règle. Et comment les Anges diraient-ils : « Gloire à Dieu dans les hauteurs », s'ils n'en avaient reçu le pouvoir de l'Esprit ? En effet, « nul ne peut dire : Jésus est le Seigneur, sinon dans l'Esprit-Saint, et nul, s'il parle dans l'Esprit de Dieu, ne dit : "Anathème à Jésus" » (1 Co 12, 3). Voilà ce qu'auront précisément dit les esprits mauvais, adversaires de Dieu, dont la chute démontre ce que j'avance : les puissances invisibles jouissent du libre-arbitre [...] et c'est pourquoi elles ont besoin du secours de l'Esprit. Les Trônes et les Dominations, les Puissances et les Vertus, pourraient-ils mener une vie bienheureuse s'ils ne voyaient sans cesse la face du Père qui est dans les Cieux ? (Mt 18, 10). Or, cette vision-là, on ne peut l'avoir sans l'Esprit. Si, la nuit, tu enlèves de chez toi la lumière, les yeux restent aveugles, les puissances inertes, les valeurs indistinctes : l'or, aussi bien que le fer, est foulé aux pieds par ignorance. De même dans l'ordre rationnel, impossible sans l'Esprit de mener jusqu'au bout une vie conforme à la loi : pas plus que de garder le bon ordre dans l'armée en l'absence du commandant, ou l'accord harmonieux du chœur sans la direction du coryphée.

Les Séraphins diraient-ils « Saint, Saint, Saint » (Is 6, 3) si l'Esprit ne leur avait appris combien de fois il est pieux de clamer cette louange ? Si tous les anges et toutes les puissances louent Dieu (Ps 148, 2), c'est avec le concours de l'Esprit. Si des milliers de milliers d'anges et d'innombrables myriades de ministres se tiennent près de lui, c'est dans la force de l'Esprit-Saint qu'ils remplissent sans reproches leur fonction propre. Toute cette harmonie supra-céleste et indicible dans le service de Dieu et dans l'accord mutuel des puissances supérieures ne saurait être gardée sans la haute direction de l'Esprit[1].

4. Dieu, les Anges et nous

Texte de Saint Jean Chrysostome, évêque et Docteur de l'Église.

Saint Jean, surnommé Chrysostome, c'est-à-dire *Bouche d'Or*, à cause de la force et de la beauté de son éloquence, naquit à Antioche, vers l'an 344. Doué d'un génie supérieur, objet de l'admiration universelle, incliné au plaisir, Jean fut ramené à la réalité des choses et conquis à la perfection de l'Évangile, par l'amitié fidèle d'un jeune homme de son âge, qui fut saint Basile. Noble exemple de l'apostolat qu'un véritable ami peut exercer dans son entourage ! L'amitié des deux jeunes gens ne fit que s'accroître par l'union désormais parfaite des pensées et des aspirations.

À trente ans, Chrysostome fuit, dans la vie monastique, l'épiscopat auquel, plus tard, il ne pourra échapper. C'est en 398, qu'il est emmené de force à Constantinople et sacré patriarche de la ville impériale. Son zèle, l'indépendance de son langage ne furent égalés que par sa charité ; son éloquence séduisante, qui brillait alors de tout son éclat, attirait les foules autour de sa chaire ; il ranimait la foi au cœur des fidèles et convertissait une multitude d'hérétiques et de païens. Il mourut en exil, victime des mauvais traitements

---

1. Saint Basile de Césarée, *Traité du Saint-Esprit*, chap. XVI, trad. B. Pruche, in S.C.17, pp. 177-179.

de ses ennemis en l'an 407. Bien qu'il ne porte pas le titre de martyr, il en a tout le mérite et toute la gloire.

Abbé L. Jaud, *Vie des Saints pour tous les jours de l'année*, Tours, Mame, 1950.

**

Pour quelle raison, dis-moi, (dans la vision d'Isaïe), les Séraphins cachent-ils leur visage en plaçant leurs ailes devant lui ? Pour quelle autre raison, sinon parce qu'ils ne peuvent supporter l'éclat et le scintillement de la lumière qui s'échappe du trône ? Et pourtant, ils ne voyaient pas cette clarté telle qu'elle est quand rien ne l'altère ; ils ne contemplaient pas l'essence divine elle-même dans toute sa pureté, mais ils avaient sous les yeux des témoignages de sa condescendance ! Qu'est-ce que cette condescendance. ? C'est, pour Dieu, le fait d'apparaître et de se montrer, non pas tel qu'il est, mais tel qu'il peut être vu par celui qui est capable de cette vision, en proportionnant l'aspect qu'il présente de lui-même à la faiblesse de ceux qui le regardent (...).

En effet, le caractère incompréhensible de Dieu nous apparaît, à nous, moins nettement qu'à ces illustres Vertus, dans toute la mesure où elles surpassent la nature humaine en pureté, en sagesse et en perspicacité. De même que l'aveugle saisit moins bien que le clairvoyant le caractère inaccessible des rayons du soleil, de même nous saisissons moins bien que les anges le caractère incompréhensible de Dieu. La distance qui sépare un clairvoyant d'un aveugle n'est pas plus grande que la différence entre eux et nous.

Aussi, lorsque tu entends le prophète dire : « J'ai vu le Seigneur », ne va pas t'imaginer qu'il a vu son essence : il n'a vu de Lui qu'un aspect tempéré par sa condescendance, et encore sous une forme plus estompée que les Vertus d'en haut, car il n'avait certes pas la même puissance de vision que les Chérubins.

Et pourquoi parler de l'essence de Dieu, quand l'homme ne peut même pas voir sans crainte celle des anges ? [...] Qu'ils m'entendent, ceux qui prétendent scruter le Maître des Anges ! Daniel, devant qui se baissaient les yeux des lions, Daniel qui, dans un corps humain, avait une puissance surhumaine, ne pouvait supporter la présence de cet autre serviteur de Dieu, (Dn 10, 8s), et il gisait là sans souffle. « Mes entrailles, dit-il, ont été bouleversées par cette vision, et le souffle n'est plus resté en moi ! » (Dn 10, 16). Et des hommes qui sont si éloignés de la vertu de ce juste, se font fort de connaître avec une entière exactitude l'Être Suprême et Premier qui a produit des myriades de ces anges, et Daniel n'eut pas la force de supporter un seul d'entre eux[1] !

5. Les Anges

Hymne de Syméon le Nouveau Théologien

Syméon est né en 949 à Galatai en Paphlagonie, d'une famille de petite noblesse provinciale ; très jeune il vient à Constantinople, où il acquiert une certaine instruction. En

---

1. Saint Jean Chrysostome, *IIIe Homélie sur l'incompréhensibilité de Dieu* in SC.28 bis, 201-203 ; 209.

977, Syméon entre au monastère de Stoudios. En 980, il est ordonné prêtre, et peu après, il est placé à la tête du monastère de Saint-Mamas. Il démissionne de cette fonction en 1005 et est envoyé en exil à Chrysopolis en 1009 à cause d'un procès. Là, il rassemble un petit groupe de disciples et meurt en 1022. Des écrits de Syméon sont conservés des catéchèses, des traités théologiques et éthiques, des hymnes, une lettre sur la confession, trois autres lettres et un dialogue avec le Scholastique.

**

Cite-moi un être incorporel ou corporel,
tu trouveras que c'est Dieu qui a tout fait ;
qu'on te parle d'un être quelconque, ceux du ciel,
ceux de la terre et ceux des abîmes,
pour eux aussi, pour tous, il n'y a qu'une vie, qu'une gloire,
un désir et un royaume,
une unique richesse, joie, couronne, victoire, paix,
ou tout autre éclat que ce soit :
la connaissance du Principe ou de la Cause
d'où tout est venu, où tout a pris naissance.
C'est là ce qui maintient les choses d'en haut et les choses
 d'en bas,
c'est là ce qui met en ordre tous les êtres spirituels,
c'est là ce qui garde dans la soumission tous les êtres visibles.
C'est là ce qui assura la stabilité des anges,
quand ils grandirent en connaissance et redoublèrent de
 crainte
en voyant Satan tomber
et ses compagnons emportés par la présomption.

C'est là ce qu'oublièrent tous ceux
qui tombèrent, esclaves de leur orgueil ;
tandis que tous ceux qui en conservèrent la connaissance,
soulevés par la crainte et l'amour,
s'attachèrent à leur Seigneur.
Ainsi, la reconnaissance de sa seigneurie
produisait aussi l'accroissement de leur amour,
parce qu'ils voyaient mieux et plus clairement
l'éclat fulgurant de La Trinité,
et qu'en retour cette vision chassait loin d'eux
toute autre pensée et rendait immuables
ceux qui à l'origine avaient reçu une nature muable
et qui demeurent maintenant dans la hauteur céleste[1].

6. Commémoration de Saint Michel

Sermon de Saint Bernard de Clairvaux

Bernard est né en 1090. Son père était chevalier du Duc de Bourgogne. Après ses études à Châtillon-sur-Seine, il choisit à l'âge de vingt-et-un ans d'entrer à Cîteaux. Moins de quatre ans plus tard, en 1115 il est chargé de fonder l'Abbaye de Clairvaux. Très vite, Bernard est consulté par tout le monde, depuis les papes ou les empereurs, jusqu'aux plus humbles habitants de la région. En 1128 au Concile de Troyes, Saint Bernard reconnaît l'Ordre des Templiers, chevaliers au service des pèlerins et des croyants, de la veuve et de l'orphelin. Il écrira une *Règle*

1. Syméon le Nouveau Théologien, *Hymne II, 10-135* in SC. 156, Trad. Joseph Paramelle, éd. du Cerf, Paris, 1969.

de Vie à leur intention. À partir de 1130 alors que deux papes revendiquent le siège pontifical, on lui demande de trancher. Il se prononce en faveur d'Innocent II contre Anaclet. Il rallie le Roi de France et l'Empereur d'Allemagne à la cause de l'unité de l'Église. Homme de paix, il visite les villes d'Italie pour les rallier à cette unité. À Pâques 1146, Bernard prêche la seconde croisade à Vézelay dans un idéal d'unité et de paix. À Noël il prêche à Spire. Il intervient à Mayence pour empêcher les massacres de juifs par les fanatiques.

1147-1148 : Seconde Croisade.

1153 : Mort de Bernard laissant derrière lui plus de 160 moines à Clairvaux, tandis que la nouvelle famille cistercienne compte près de 350 abbayes.

Saint Bernard n'a pas été le fondateur de l'ordre de Cîteaux, mais son animateur, sa plus grand gloire.

En 1174 Saint Bernard est canonisé par le pape Alexandre III.

**

SERMON I

La triple raison pour laquelle les anges prennent soin de nous.
Indicible, le bonheur des anges, mais non leur amour pour nous.

1. C'est des anges qu'aujourd'hui on célèbre la mémoire ; et, à l'occasion d'une telle fête, vous exigez le sermon qui vous est dû. Mais que peuvent dire de ces

esprits que sont les anges ces vils vermisseaux que nous sommes ? Nous croyons, en effet, et nous tenons d'une foi inébranlable que, bienheureux en présence de Dieu et dans sa vision, ils se réjouissent sans fin dans le bonheur du Seigneur (2 Ch 6, 41) – ce bonheur que l'œil n'a pas vu, dont l'oreille n'a pas entendu parler, et qui n'est pas monté au cœur de l'homme (1 Co 2, 9). Alors que peut dire de ce bonheur un homme à d'autres hommes, puisque lui-même est incapable ne serait-ce que de l'imaginer, et eux d'en entendre parler ? S'il est vrai que de l'abondance du cœur la bouche parla (Mt 12, 34), il faut bien, par conséquent, que la langue se taise, faute de pensée à exprimer.

Pourtant, si nous nous trouvons empêchés de parler de cet éclat et de cette gloire dont les saints anges jouissent en eux-mêmes, ou plutôt en leur Dieu, et par lesquels ils dépassent absolument notre cœur, parlons du moins de la grâce et de l'amour qu'ils nous apportent. Car dans ces esprits très élevés se trouvent non seulement une dignité admirable, mais une bienveillance pleine d'amour. Il est donc juste et bon, frères, à défaut de concevoir leur gloire, d'embrasser avec d'autant plus d'ardeur leur miséricorde : car il est bien certain qu'elle abonde chez ces familiers de Dieu, chez ces concitoyens du ciel (Ep 2,19), chez ces princes du paradis. L'Apôtre lui-même en témoigne, qui fut ravi jusqu'au troisième ciel (2 Co 12, 2) et qui eut ainsi l'occasion de prendre part à cette cour bienheureuse et d'en connaître les secrets : « Ce sont tous, dit-il, des esprits chargés d'un ministère, envoyés en service auprès de ceux qui reçoivent l'héritage du salut » (1, 14).

Le service des anges à la suite de celui du Christ

2. Et que personne ne considère cela comme incroyable : n'est-il pas vrai que le Créateur et Roi des anges est venu, lui aussi, en personne, non pas dans le but d'être servi mais de servir et de donner sa vie pour la multitude (Mt 20, 28) ? Comment alors se trouverait-il un seul des anges pour mépriser ce service dans lequel le Seigneur les a précédés ? Ne le servent-ils pas lui-même au plus haut des cieux avec une avidité sans borne et dans un bonheur parfait ? À supposer que tu en doutes, celui qui a vu en a porté témoignage (Jn 19, 35) : « Mille milliers le servaient, et des myriades de milliers se tenaient en sa présence » (Dn 7, 10). De même, un autre prophète à propos du Fils, s'adresse au Père, en ces termes : « Tu l'as de peu abaissé au-dessous des anges. » Voilà, oui voilà comment il est juste et bon pour lui de l'emporter par l'humilité aussi, alors que déjà il l'emportait par sa haute gloire. Et voilà comment il faut qu'il s'abaisse d'autant plus au-dessous des anges qu'il s'est livré à un service plus humble que le leur, tout en étant « d'autant supérieur aux anges qu'il a hérité d'un nom incomparable au leur » (He 1, 4).

Mais peut-être poses-tu cette question : en quoi est-il apparu plus bas que les anges (He 2, 9) en venant servir, puisqu'eux-mêmes, nous l'avons rappelé ci-dessus, sont envoyés en vue d'un service (He 1, 14) ? Eh bien, c'est par le fait que non seulement il a servi mais qu'il a été servi : oui, le même et unique servait et était servi. À bon droit donc l'Épouse s'écrie, dans le Cantique des cantiques : « Le voici qui vient, sautant parmi les montagnes et bondissant par-dessus les collines » (Ct 2, 8). Effectivement, par le service qu'il a assumé, il a sauté parmi les anges, et par le service qui lui était rendu, il bondissait par-dessus les anges. Les anges, eux, servent, c'est vrai, mais l'objet de leur service vient d'ailleurs : ils offrent à Dieu nos bonnes œuvres et ils nous transmettent sa grâce. Aussi l'Écriture, avant d'affirmer que « la fumée des aromates monte vers Dieu de la main de l'ange », a bien soin de préciser qu'on a donné à celui-ci beaucoup d'aromates à brûler (Ap 8, 3). De fait, ce sont nos sueurs, non les leurs, ce sont nos larmes, non les leurs, qu'ils offrent à Dieu ; de même, ce sont ses dons, non les leurs, qu'ils nous transmettent.

Nous montrer dignes du service des anges

3. Or ce n'est pas ainsi que le Serviteur, lui, se révèle plus élevé, mais aussi plus humble que tous : il s'est offert lui-même en sacrifice de louange (Ps 49, 23), et, tout en présentant au Père son âme (He 9, 14), il nous fait le don de sa chair jusqu'aujourd'hui.

Il n'y a donc pas à s'étonner que, par la grâce d'un pareil Serviteur, les saints anges se mettent à notre service avec tant de bienveillance, mieux, si volontiers. Ils nous aiment, en effet, puisque le Christ nous a aimés. C'est bien le sens d'un proverbe populaire : « Qui m'aime aime aussi mon chien. » Or nous sommes, ô bienheureux anges, les petits chiens de ce Seigneur que vous aimez avec un tel élan du cœur ; oui, dis-je, les petits chiens désireux de se rassasier des miettes tombant de la table (Mt 15, 27) de ces maîtres et seigneurs que vous êtes (Lc 16, 21).

Ceci est dit, frères, pour faire grandir votre confiance envers les bienheureux anges et pour vous entraîner ainsi à invoquer plus librement leurs secours dans tous vos besoins, et à mener en leur présence une vie qui soit d'autant plus digne d'eux. Vous aurez ainsi à cœur, toujours davantage, de vous concilier leur grâce, de vous assurer leur bonté, de gagner leur clémence.

Les trois motifs de l'attention des anges à notre égard

Par la même occasion, il me semble nécessaire d'indiquer encore à votre Charité les autres raisons susceptibles de rendre les bienheureux anges attentifs à notre faiblesse, sans trouble pour eux, mais non sans utilité pour nous ; sans porter atteinte à leur bonheur, mais non sans faire grandir notre salut.

4. Il est en effet hors de doute que les âmes des hommes, par leur participation à la raison et par leur aptitude au bonheur, se révèlent, si l'on ose dire, apparentées à la nature des anges. Aussi ne vous conviendrait-il pas, ô bienheureux esprits, contre le précepte même de la loi, de mépriser ceux de votre espèce que vous avez le devoir de visiter (Jb 5, 24), même si, comme vous le constatez, ils ont basculé dans une profonde abjection.

Et, à notre idée, habitants du ciel, la destruction de notre cité et l'état lamentable de ses murs, que vous voyez à moitié ruinés, n'ont pas non plus de quoi vous délecter. Or si vous désirez sa restauration, comme il est juste, je vous en prie, ne cessez pas de répéter devant le trône de la gloire ces mots de votre prière : En ton bon vouloir, fais du bien à Sion, Seigneur, pour que soient rebâtis les murs de Jérusalem (Ps 50, 20). Si vous aimez la beauté de la maison de Dieu (Ps 25, 8) – ou plutôt parce que vous l'aimez, que ses pierres vivantes (1 P 2. 5) et spirituelles puissent alors faire l'expérience de votre zèle, car seules elles sont aptes à entrer avec vous dans cette construction et cette restauration.

Le voilà, bien-aimés, le triple filin (Ecc 4, 12) qui descend de la haute demeure des cieux (Dt 26, 15) : en vue de nous réconforter, de nous visiter, de nous aider, il attire jusqu'à nous l'amour suréminent des anges, car ceux-ci nous aiment en raison de Dieu, en raison de nous et en raison d'eux-mêmes. Oui, en raison de Dieu, dont ils imitent à notre égard la profonde miséricorde, comme il est juste. En raison aussi de nous, en qui ils prennent pitié de leur propre ressemblance. Et enfin en raison d'eux-mêmes, puisqu'ils attendent avec un désir absolu de nous voir combler les vides de leurs rangs. C'est en effet par la bouche des petits enfants (Ps 8, 3) nourris de lait et non encore d'aliments solides (He 5, 12), que la louange de la Majesté divine doit trouver son accomplissement. Cette louange, les esprits que sont les anges en possèdent les prémices : ils y trouvent certes une bienheureuse jouissance, mais c'est avec d'autant plus d'impatience et d'instance qu'ils en sollicitent la pleine réalisation.

Un scandale par excellence à éviter : la rupture de la communion fraternelle

5. Dans ces conditions, mesurez, bien-aimés, avec quelle attention, à notre tour, nous avons à nous montrer

dignes de les fréquenter : oui, c'est ainsi qu'il nous faut nous comporter en présence des anges, de peur d'offenser la sainteté de leur regard. Malheur à nous, en effet, si nos péchés et nos négligences les amenaient à nous juger indignes de leur présence et de leur visite. Nous n'aurions plus qu'à nous lamenter avec ces paroles du prophète : Mes amis et mes compagnons se sont approchés, debout et menaçants ; mes plus proches se sont tenus à distance, ils me faisaient violence, ceux qui en voulaient à mon âme (Ps 37, 12 s) : oui, ils se sont éloignés, ceux dont la présence pouvait nous protéger et repousser l'ennemi.

Si donc nous considérons comme à ce point nécessaire la présence amicale dont les anges veulent bien nous entourer, prenons bien garde de ne pas les offenser, et surtout exerçons-nous à mettre en pratique ce que nous savons leur plaire. Or nombreuses sont les vertus auxquelles ils se plaisent et qu'ils ont tellement de bonheur à trouver en nous : comme la sobriété, la chasteté, la pauvreté volontaire, les gémissements qui s'élèvent fréquemment vers le ciel, les prières accompagnées de larmes de la part d'un cœur attentif.

Pourtant, par-dessus tout, c'est l'unité et la paix que réclament de nous les anges, messagers de paix (Is 33, 7). Comment ne trouveraient-ils pas leur plus grand bonheur en voyant se réaliser parmi nous une certaine image de leur cité et en trouvant ainsi l'occasion d'admirer la nouvelle Jérusalem (Ap 21, 2) sur la terre ? Oui, je l'affirme : de même que leur cité trouve son unité dans une même participation à l'Unique, de même unique doit être l'accord de nos sentiments (Rm 12, 16) et de nos paroles (1 Co 1, 10) : qu'il n'y ait pas de division entre nous ; au contraire, formons tous ensemble un seul corps (1 Co 10, 17).

Nos divisions détourneraient de nous les anges

6. Car il n'est rien qui les offense autant et qui suscite pareillement leur indignation, que les dissensions et les scandales, si peut-être il s'en trouve parmi nous. Écoutons en effet ce que dit Paul aux Corinthiens à ce sujet : « Du moment qu'il y a parmi vous jalousie et rivalités, n'êtes-vous pas charnels et ne marchez-vous pas de manière tout humaine ? » (1 Co 3, 3). De même, dans l'Épître de l'apôtre Jude nous lisons ceci : « Les voilà, ceux qui se mettent à part, semblables à des êtres dépourvus d'Esprit. » Il n'est que de voir comment l'âme de l'homme vivifie en son corps tous ses membres solidaires les uns des autres. Mais va donc séparer l'un d'entre eux de cette solidarité, et vois si, ensuite, l'âme continue de lui transmettre la vie. Ainsi en est-il de quiconque prononce l'anathème contre Jésus : cela, nul ne peut le dire en parlant dans l'Esprit de Dieu (1 Co 12. 3), car l'anathème est séparation. Oui, dis-je, ainsi en est-il de quiconque se sépare de l'unité : n'en doute pas, de lui l'Esprit de vie (Gn 6, 17) s'est retiré. Les obstinés donc, et ceux qui se séparent, c'est à bon droit que les apôtres les comparent à des animaux et les disent dépourvus d'Esprit.

Par conséquent les saints anges et les esprits bienheureux, lorsqu'ils tombent sur des scandales et des dissensions, s'écrient : « Qu'avons-nous de commun avec cette race dépourvue d'Esprit ? Car si l'Esprit lui était présent, par lui l'amour se répandrait dans les cœurs (Rm 5, 5) et l'unité ne se déchirerait pas. » Et ils ajoutent : « Nous n'allons pas demeurer indéfiniment avec ces hommes, car ils ne sont que chair (Gn 6, 3). Quel accord possible, en effet, entre la lumière et les ténèbres ? (2 Co 6, 14). Pour notre part, nous appartenons au Royaume de l'unité et de la paix, et nous espérions que ces hommes rejoindraient cette même unité et cette même paix. Mais comment ne feraient-ils qu'un avec nous, dès lors qu'ils se divisent entre eux ? »

Vous voyez alors à quel point la lecture de l'Évangile pour cette fête est choisie adéquatement, puisqu'elle nous détourne avec force de scandaliser les petits au nom précisément de l'horreur violente que les anges éprouvent pour les scandales. *Celui qui aura scandalisé un seul de ces petits…* (Mt 18, 6) : dures sont les paroles qui suivent[1].

SERMON II (EXTRAIT) :

Sur ces paroles du Seigneur : Qui aura scandalisé un seul de ces petits.
Le scandale par excellence : pécher contre la charité fraternelle.

Les anges ne peuvent nous aimer que si nous nous aimons entre frères

2. En outre, si vous gardez en mémoire ce que nous vous avons communiqué dans le sermon précédent : les

1. Saint Bernard de Clairvaux in *Saint Bernard : Sermons pour l'année*, Brepols & Taizé, 1990, pp. 725-730.

trois raisons qui fondent l'amour et l'attention des anges à notre égard, voilà aussi de quoi mettre magnifiquement en valeur l'utilité de la charité entre frères. Car il est facile de s'apercevoir que l'homme qui n'aime pas son prochain ne peut bénéficier d'aucune de ces raisons dont nous avons parlé.

De fait, les anges vont-ils nous aimer en raison de la grâce du Christ, s'ils ont reconnu à notre manque de charité mutuelle que nous ne sommes en rien ses disciples ?

Par ailleurs, nous aimeront-ils en raison de nous-mêmes, c'est-à-dire de notre ressemblance avec leur nature spirituelle, s'ils nous trouvent dépourvus d'amour pour ceux dont nous partageons la même nature ? Bien plus : si les contestations entre nous établissent que, loin d'être spirituels, nous sommes charnels ? (1 Co 3, 3)

Enfin, nous aimeront-ils en raison d'eux-mêmes et de notre participation à la restauration future de leur cité, si – Dieu nous en garde ! – la seule réalité qui puisse nous unir à eux dans une même construction s'avère nous manquer : à savoir le ciment de l'amour ?

Comment pourront-ils espérer nous voir entrer dans la réédification des murs éternels de cette cité s'ils savent et s'ils constatent que nous ne sommes pas des pierres vivantes (1 P 2, 5), susceptibles de tenir ensemble, mais bien plutôt de la poussière : poussière que le vent arrache de la surface du sol (Ps 1, 4), poussière que le moindre mot suffit à soulever en tourbillon et que le souffle du plus léger soupçon suffit à disperser ?

Mais en voilà certainement assez, au sujet de cette parole du Seigneur : « Qui aura scandalisé un seul de ces petits… » (Mt 18, 6). Je suis sûr, en effet, que désormais vous redoublerez d'attention pour vous garder de cette peste tellement abominable[1].

7. Qui habitate : Psaume 90

Sermons de Saint Bernard de Clairvaux

Sermon XI

Sur le verset 11 : Car il a donné ordre à ses anges de te garder en toutes ses voies (extrait)

Les voies du Seigneur : celles des anges à notre égard

10. Les voies des anges aussi, c'est évident, tendent à coïncider avec celles du Seigneur. Lorsqu'ils montent pour contempler, ils sont en quête de la vérité ; et comme en la désirant ils s'en rassasient, de même en s'en rassasiant ils la désirent davantage. Puis, lorsqu'ils descendent, ils exercent à notre égard la miséricorde, de manière à nous garder en toutes nos voies. Car ce sont des esprits chargés d'un ministère, envoyés en service à cause de nous (He 1, 14). Et, de fait, ils sont nos serviteurs, non pas nos seigneurs. En cela ils imitent l'exemple du Fils unique, qui n'est pas venu pour être servi mais pour servir (Mt 20, 28) et qui s'est tenu au milieu de ses disciples comme celui qui sert (Lc 22, 27).

Le fruit des voies des anges, en ce qui les concerne, ce sont le bonheur et l'obéissance de l'amour ; et en ce qui

---

1. *Ibid.*, pp. 731-732.

nous concerne nous, c'est d'une part d'obtenir la grâce de Dieu, d'autre part d'être gardés en toutes nos voies : car il a donné ordre à ses anges de te garder en toutes tes voies, en tous tes besoins, en tous tes désirs. Sinon tu risquerais bien de courir sur les voies de la mort (Jr 21, 8), c'est-à-dire de tomber de la nécessité dans l'obstination ou de l'avidité dans la présomption – et il ne s'agirait plus alors des voies des hommes mais de celles des démons.

De fait, en quoi les hommes s'obstinent-ils d'habitude plus facilement, sinon dans ce qu'ils feignent de croire, ou dans ce qu'ils croient réellement relever de la nécessité ? « Quelles que soient tes exhortations, dit-on alors, je ne peux que ce que je peux, et rien de plus. À toi, en l'occurrence, de changer d'idée. »

Mais pour quelle raison est-ce que l'on tombe dans la présomption, sinon parce que l'on s'y jette sous la poussée d'un désir trop impétueux ?

Les voies de l'homme mises au service de celles du Seigneur

11. Pour le moment donc, Dieu a donné ordre à ses anges non pas de te faire changer de voies, mais de te garder dans ces voies qui sont les tiennes et, en quelque sorte, de diriger tes voies par les leurs dans celles de Dieu. — De quelle manière ? demandes-tu. Eh bien, ce que fait l'ange à partir de la seule charité et dans une intention plus pure, toi, tu le feras au moins sous la pression de la nécessité qui t'est propre : ainsi tu voudras bien descendre, et condescendre à mettre en pratique la miséricorde à

l'égard du prochain (Lc 10, 37). Puis, avec le même ange, en élevant tes désirs, tu mettras à contribution toute la convoitise de ton âme pour monter vers la suprême et éternelle vérité. Voilà pourquoi nous sommes exhortés à élever nos cœurs avec nos mains (Lm 3. 41) ; voilà pourquoi, chaque jour, nous entendons cette invitation : élevons notre cœur et voilà aussi pourquoi, dans notre négligence, ce reproche nous est adressé : Fils des hommes, jusqu'à quand ce cœur appesanti ? Pourquoi cet amour de la vanité, cette quête du mensonge ? (Ps 4, 3). Libéré et léger, le cœur s'élève plus facilement, dans la quête et l'amour de la vérité. Ne t'étonne pas : ceux qui veulent bien nous garder dans nos voies ne dédaignent pas de nous admettre avec eux dans les voies du Seigneur, et même de nous y entraîner. Avec combien plus de bonheur, pourtant, ils y marchent (Ps 127, 1), et avec combien plus d'assurance ! Oui, mais s'ils se tiennent effectivement dans la miséricorde et la vérité, ils demeurent tout de même bien inférieurs à Celui qui est, en personne, la Vérité et la Miséricorde (Ps 39, 12)[1].

Sermon XII

Sur le verset 12 : Sur leurs mains ils te porteront pour que ton pied ne heurte une pierre (extrait)

Invisible mais très réelle, la présence des anges

6. Il a donné ordre à ses anges de te garder en toutes tes voies. Quelle déférence cette parole doit t'inspirer, quel

1. *Ibid.*, pp. 347-348.

empressement, quelle confiance ! Déférence pour leur présence, empressement en raison de leur bienveillance, confiance à l'égard de leur sauvegarde. Marche avec (Ep 5, 15) : où que tu sois, les anges, selon l'ordre qu'ils ont reçu, t'assistent en toutes tes voies. Quel que soit le refuge, quel que soit le recoin où tu te trouves, aie cette déférence à l'égard de ton ange. Oserais-tu faire en sa présence ce que tu n'oserais pas faire sous mes yeux ? Ou bien douterais-tu de sa présence parce que tu ne le vois pas ? Qu'en serait-il si tu l'entendais, ou si tu le touchais, ou si tu le sentais ? Ainsi, rends-toi compte que la présence de la réalité ne dépend pas seulement de notre vue. Tout ce qui existe ne se laisse pas voir, même parmi les objets matériels. À combien plus forte raison les réalités spirituelles sont-elles hors de portée des sens corporels, si bien qu'il faut les chercher de manière spirituelle. Si tu fais appel à la foi, c'est elle qui te prouvera que la présence des anges n'est pas une fiction. Et je ne me repens pas de ce que je viens d'affirmer : oui, la foi joue comme une preuve, elle que l'Apôtre définit comme la preuve des réalités invisibles (He 11, 1). Ainsi les anges sont-ils présents non seulement avec toi mais pour toi ; ils sont là pour te protéger, ils sont là pour te venir en aide. Que rendras-tu à Dieu pour tout le bien qu'il t'a fait (Ps 115, 12) ? À lui seul assurément, l'honneur et la gloire (1 Tm 1, 17). Pourquoi à lui seul ? Parce que c'est lui qui a donné ordre (Ps 32, 9) aux anges : tout don parfait ne peut venir que de lui (Jc 1, 17).

Aimer Dieu à travers les anges

7. Pourtant, même si c'est de Dieu qu'est venu l'ordre, il n'est pas permis de se montrer sans reconnaissance à l'égard des anges eux-mêmes, qui lui obéissent avec un si grand amour et nous viennent en aide dans une si grande nécessité. Montrons-nous empressés et reconnaissants à l'égard de tels protecteurs. Aimons-les en retour, honorons-les autant que nous le pouvons, autant que nous le devons. Que notre amour, cependant, et tout notre honneur revienne à Dieu : c'est lui qui donne aux anges comme à nous tout ce dont nous pouvons les honorer et les aimer et tout ce qui nous obtient d'être aimés et honorés. En disant : « À Dieu l'honneur et la gloire » (1 Tm 1, 17), il ne faut pas croire, en effet, que l'Apôtre contredit la parole du prophète quand ce dernier affirme honorer grandement les amis de Dieu (Ps 138, 17). Je pense que cette parole de l'Apôtre est analogue à cette autre, de lui aussi : « Ne devez rien à personne, sinon l'amour mutuel » (Rm 13, 8). En réalité, il ne prétendait pas nier tous les autres devoirs à rendre au prochain, puisque précisément il venait de dire : « Rendez l'honneur à qui vous devez l'honneur » (Rm 13, 7) – et la suite qui va dans le même sens. Pour que tu comprennes mieux ce qu'il entendait par là, ce à quoi il veut nous exhorter, remarque comment, sous les rayons du soleil, tous les luminaires de moindre éclat ne se voient pas. Estimons-nous pour autant que les astres se sont retirés, ou éteints ? Pas le moins du monde. Mais ils sont comme recouverts par une clarté plus vive, et, durant ce temps, ils ne peuvent apparaître. C'est ainsi que l'amour, surpassant tout autre devoir, doit régner seul en nous, en quelque

sorte : il s'attribue tout ce qui est dû aux autres, de manière à devenir la source de tout ce que nous avons à faire.

De même aussi l'honneur de Dieu doit prévaloir et l'emporter en quelque sorte sur tout, si bien que Dieu soit honoré non seulement davantage que toute créature, mais en toute créature. Et tu peux estimer qu'il faut en dire autant de l'amour. Que reste-t-il encore à offrir aux autres chez celui qui a donné par amour au Seigneur son Dieu tout son cœur, toute son âme, toute sa force ? Ainsi est-ce en Dieu lui-même, frères, qu'il nous faut aimer ses anges avec élan, comme ceux qui partageront un jour avec nous le même héritage, et qui, en attendant, sont placés par Dieu comme des intendants et des tuteurs pour nous conduire (Ga 4, 2). Maintenant déjà, certes, nous sommes fils de Dieu, bien que cela n'apparaisse pas encore (1 Jn 3, 2) puisque nous demeurons des enfants confiés à des intendants et à des tuteurs, comme si, pour le moment, nous ne différions en rien des esclaves (Ga 4, 1).

Les anges nous portent

8. Pourtant, si petits que nous soyons, et quelle que soit la grandeur, et non seulement la grandeur mais le danger de la voie qui nous reste à parcourir (1 R 19, 7), qu'avons-nous à craindre, avec une telle escorte ? Les anges ne peuvent être ni vaincus ni trompés, et bien moins encore peuvent-ils tromper, eux qui nous gardent en toutes nos voies. Ils sont fidèles, ils sont sages, ils sont puissants : quelle raison aurions-nous de trembler ? Suivons-les seulement, attachons-nous à eux, et nous demeurons sous

la protection du Dieu du ciel. Vois combien cette protection, combien cette sauvegarde t'est nécessaire, en toutes tes voies.

« Sur leurs mains ils te porteront, dit le psaume, pour que ton pied ne heurte une pierre » (Ps 90, 12). Est-ce peu de chose, à ton sens, qu'une pierre du chemin, où l'on achoppe (Is 8, 14 *ss*) ? Fais alors attention à ce qui suit : « Sur l'aspic et le serpent tu marcheras, tu fouleras le lion et le dragon » (Ps 90, 13). Pour un petit enfant appelé à cheminer ces conditions, combien un guide s'avère nécessaire, et même quelqu'un pour le porter ! Sur leurs mains ils te porteront : oui, ils te garderont en toutes tes voies et ne conduiront un enfant que là où il peut cheminer. Ils ne supporteront pas d'ailleurs que tu sois tenté au-delà de tes forces (1 Co 10, 13), mais ils te prendront sur leurs mains pour te faire dépasser l'obstacle. Comme on passe facilement, lorsqu'on est porté sur leurs mains ! Ou encore, pour citer un proverbe populaire, comme il est agréable de nager lorsqu'on nous soutient le menton !

9. Chaque fois qu'une très grave tentation te serre de près ou qu'une violente tribulation fond sur toi, invoque ton ange gardien, ton guide, ton soutien dans tous tes besoins et tribulations. Appelle-le au secours et dis : « Seigneur, sauve-nous, nous périssons » (Mt 8, 25). Car il ne dort ni ne sommeille (Ps 120, 4), même s'il se cache à l'occasion il entend t'éviter ce grand péril de sauter hors de ses mains, au cas où tu ignorerais qu'elles te soutiennent. Spirituelles, en effet, sont ces mains, et leur secours aussi est spirituel, adapté à chacun des élus en fonction du péril particulier et des difficultés rencontrées, lesquelles sont semblables à un monceau de pierres.

Spirituel, donc, et très diversifié, le service des anges assignés à notre sauvegarde[1].

SERMON VII

Les qualités que doivent posséder ceux qui désirent psalmodier spirituellement.

5. Qui m'accordera, ô princes bienveillants, de « faire porter par votre entremise mes suppliques auprès de Dieu » ? Je ne dis pas *à Dieu*, pour qui même la pensée de l'homme est dévoilée ; mais *auprès de Dieu* ; c'est-à-dire à ceux qui demeurent avec Dieu : aussi bien aux Vertus bienheureuses qu'aux esprits déliés de la chair. Qui relèvera de terre l'indigent que je suis, et qui me retirera du fumier, moi, le pauvre, pour me faire asseoir avec les princes sur un trône de gloire ? Je ne doute point qu'ils m'accueillent avec joie dans le palais, moi qu'ils visitent avec bienveillance dans la fosse à fumier. Ils se sont réjouis de ma conversion, comment ne me reconnaîtraient-ils pas dans mon élévation[2] ?

---

1. *Ibid.*, pp. 350-355.
2. Saint Bernard de Clairvaux in SC, *Sermons sur le Cantique*, 7, 7, pp. 169, 171.

Sermon XIX

Raison pour laquelle les différents ordres des esprits bienheureux aiment le Christ Seigneur

2. La créature angélique contemple le profond abîme des jugements divins par un regard aigu de l'esprit qui ne rencontre aucun obstacle. Elle prend un plaisir ineffable à ces jugements suprêmes et équitables. En outre, elle se glorifie de ce que ces jugements se réalisent et se manifestent par son ministère. Voilà pourquoi elle aime, à juste titre, le Seigneur Christ. « Tous les anges, dit l'Écriture, ne sont-ils pas des esprits chargés d'un ministère, envoyés pour servir ceux qui héritent du salut ? » Quant aux archanges – car il faut bien leur attribuer quelque chose de plus qu'aux simples anges – ce qui, je crois, les réjouit merveilleusement, c'est de se voir admis plus intimement dans les desseins de l'éternelle sagesse. Ils voient que, par leur intermédiaire, ces mêmes desseins sont mis à exécution, chacun en son temps et en son lieu, suivant une providence souveraine. Tel est le motif pour lequel ils aiment, eux aussi, le Seigneur Christ. Il y a encore des esprits bienheureux qu'on a appelé Vertus, sans doute parce qu'ils ont été institués par Dieu pour scruter, avec une heureuse curiosité et dans l'émerveillement, les causes cachées et éternelles des vertus et des prodiges. Ils peuvent choisir parmi tous les éléments des signes, tels qu'ils veulent, pour les montrer avec puissance à la terre entière. Voilà pourquoi, non sans raison, eux aussi brûlent d'amour pour le Seigneur des vertus, et pour le Christ, vertu de Dieu. Car c'est le comble de la douceur et de la grâce que de contempler les secrets obscurs de la sagesse

dans la sagesse elle même. Mais il n'y a pas moins d'honneur et de gloire que Dieu daigne se servir de leur ministère pour faire connaître et admirer au monde les effets des causes cachées dans son Verbe divin.

3. D'autres esprits sont appelés Puissances. Ils se plaisent à contempler et à célébrer notre Christ crucifié en sa toute-puissance divine, qui s'exerce en tout lieu avec force. Ils en reçoivent le pouvoir de repousser et de terrasser les puissances hostiles des démons et des hommes, en faveur de ceux qui héritent le salut. Dès lors, n'ont-ils pas un motif très juste d'aimer le Seigneur Jésus ? Au-dessus d'eux il y a les Principautés, qui jouissent d'une contemplation plus haute du Seigneur : elles voient clairement qu'il est le principe de l'univers et le premier-né de toute créature. Ainsi reçoivent-elles une dignité princière si grande, que leur puissance s'étend sur toute la terre et que du lieu sublime où elles se trouvent elles ont le pouvoir d'enlever et de distribuer à leur gré les royaumes, les principautés et n'importe quelles dignités. Selon les mérites de chacun, elles peuvent mettre au premier rang les derniers et au dernier rang les premiers, « renverser les puissants du trône et exalter les humbles ». Telle est la raison de leur amour. Mais les Dominations elles aussi aiment. Pourquoi ? Elles sont entraînées par une louable hardiesse à découvrir je ne sais quoi de plus subtil et de plus sublime dans la domination illimitée et inébranlable du Christ. Elles perçoivent partout dans l'univers non seulement sa puissance, mais aussi sa présence. Elles voient que, dans les régions supérieures comme dans les inférieures, il fait obéir à sa volonté souverainement juste le cours des temps, les mouvements des corps, les inclinations des

esprits, dans un ordre très harmonieux. Il fait cela avec un soin si vigilant, que rien ni personne ne s'écarte – fût-ce d'un point ou d'un seul iota, comme on dit – de l'obéissance prescrite. Néanmoins, le maître gouverne avec une telle aisance, qu'il n'en ressent pas le moindre trouble ni la moindre inquiétude. Regardant donc « le Seigneur Sabaoth régir toutes choses avec tant de sérénité », les Dominations sont ravies dans l'océan immense de la clarté divine par l'éblouissement trop fort, mais pleinement lucide, de leur contemplation si intense et si douce. Aussi se retirent-elles dans le secret d'une sérénité merveilleuse, où elles goûtent une paix et une sécurité profondes. C'est pourquoi, pendant leur repos, la multitude des autres anges, par respect pour leur privilège, semble leur prêter service et obéissance, comme si elles avaient vraiment la domination.

4. Sur les Trônes Dieu est assis. Je pense que ces esprits ont une plus juste cause et un plus ample motif d'aimer que tous les autres esprits déjà mentionnés. Quand tu entres dans le palais de n'importe quel roi de la terre, ne vois-tu pas le trône royal placé dans le lieu le plus élevé parmi les chaises, les tabourets et les sièges qui remplissent la salle ? Et il n'est pas nécessaire de demander où le roi a coutume de s'asseoir : car son siège, plus élevé et plus orné que les autres, le désigne aussitôt à la vue. De même, les Trônes l'emportent sur tous les autres esprits par l'éclat de leur beauté, puisque la majesté divine a choisi de résider en eux par une faveur spéciale d'étonnante complaisance. Si donc être assis sur le trône est le signe du magistère, je pense que notre seul maître au ciel et sur la terre, « le Christ sagesse de Dieu », même s'« il atteint tout lieu grâce à sa pureté »,

illumine plus spécialement et plus vivement de sa présence ceux dont il a fait son trône. De là, comme d'une chaire solennelle, il enseigne la science aux anges et aux hommes. De là il transmet aux Anges la connaissance de ses jugements, et aux Archanges celle de ses desseins. Là les Vertus entendent quels signes elles doivent donner, à quel moment et en quel lieu. Là enfin tous ces esprits, soit les Puissances, soit les Principautés, soit les Dominations, apprennent exactement quels sont les devoirs de leur charge, ce qu'ils peuvent se permettre selon leur dignité, et aussi ce dont tous doivent surtout se garder : abuser du pouvoir reçu au profit de leur volonté propre ou de leur propre gloire.

5. Toutefois je pense que ces armées célestes qu'on appelle Chérubins, si l'on observe la signification de leur nom, n'ont rien à recevoir des Trônes ni par les Trônes, puisqu'ils peuvent puiser pleinement à la source même. En effet, le Seigneur Jésus en personne daigne les introduire dans toute la plénitude de la vérité, et leur révéler à profusion les trésors de la sagesse et de la science, qui sont tous cachés en lui. De même pour ceux qu'on appelle Séraphins. Car Dieu, qui est la charité même, les a tellement attirés, plongés en lui, et ravis dans l'ardeur de son saint amour, qu'ils semblent être un seul esprit avec Dieu. Ainsi le feu, en transmettant toute sa chaleur et sa couleur à l'air qu'il embrase, ne le rend pas seulement incandescent mais le change en feu. Les Chérubins donc aiment surtout à contempler en Dieu la science, qui est sans mesure, et les Séraphins « la charité, qui ne passe jamais ». C'est pourquoi ils ont reçu en partage leurs noms d'après la grâce qui les distingue chacun de façon éminente. En effet,

Chérubin signifie plénitude de science, et Séraphin, flamboyant ou enflammé.

6. Ainsi, Dieu est aimé par les Anges pour l'équité suprême de ses jugements ; par les Archanges, pour la souveraine providence de ses desseins ; par les Vertus, pour les miracles qu'il daigne accomplir en sa bonté afin d'attirer les incroyants à la foi ; par les Puissances, pour la force de cette puissance si juste qui a coutume de repousser et d'éloigner des fidèles la cruauté des méchants ; par les Principautés, pour cette vertu éternelle et originale, par laquelle il donne l'être et le principe de l'être à toute créature supérieure et inférieure, spirituelle et corporelle, atteignant avec force jusqu'aux extrémités de l'univers ; par les Dominations, pour sa volonté très paisible qui, malgré la force de son bras dominateur, dispose néanmoins toutes choses avec douceur par une vertu plus puissante encore, selon sa bonté innée et son imperturbable sérénité. Il est aimé aussi par les Trônes pour le bienveillant enseignement de sa sagesse qui se communique sans jalousie, et pour l'onction qui instruit de tout gratuitement. Il est aimé encore par les Chérubins parce qu'il est le Dieu et le Seigneur des sciences, et qu'il distribue ses dons avec discernement et prévoyance à ceux qui les lui demandent comme il convient, dans la mesure où il le considère utile. Car il sait ce qu'il faut à chacun pour son salut. Enfin, il est aimé par les Séraphins parce qu'il est charité et qu'il ne hait rien de ce qu'il a fait, et parce qu'« il veut que tous les hommes soient sauvés et parviennent à la connaissance de la vérité[1] ».

---

1. *Ibid.*, Sermon XIX, 1-6, pp. 107-119.

8. La communion des Anges

Sermon de Baudouin de Forde sur la vie commune (Sermon 15).

Baudouin de Forde est un cistercien anglais du XIIe siècle. Abbé de Forde, évêque de Worcester, puis archevêque de Canterbury, il a laissé des écrits qui révèlent sa foi profonde.

**

22. Cette vie commune qui est en Dieu, qui est de Dieu et qui est Dieu trouve une certaine représentation dans la vie commune des anges. L'Esprit Saint rassemble celle-ci dans une paix suprême, lui qui est amour, lien et communion. Par le Verbe du Seigneur, en effet, les cieux ont été affermis, et toutes leurs puissances par le souffle de sa bouche – l'Esprit. Les cieux, ce sont les anges : Dieu habite parmi eux, lui, leur vie commune et leur commun bonheur : en son amour, ils vivent dans la concorde et la félicité.

23. Chacun d'eux aime tous les autres, et tous aiment chacun. Ils se retrouvent dans une même volonté et dans des refus identiques. Ce qui plaît à l'un ne déplaît à aucun des autres ; ce que l'un veut, aucun des autres ne le refuse. Ils ont tous la même pensée, la même volonté ; ils ont tous le même sentiment, le même goût.

Là où n'existe pas l'enflure de l'orgueil, on ne rencontre pas non plus l'envie desséchante, l'embrasement de la colère, les affrontements de la discorde, le murmure de l'impatience, les ruses du discours. Tout s'y tient dans la paix, le calme, la tranquillité. On n'y trouve rien de désordonné, rien d'indiscipliné, rien de contraire à la bonne ordonnance et à l'obéissance, et point de dépôt caché dans le but de s'approprier quelque chose. Tout s'y passe au grand jour et en pleine clarté. Ce que chacun possède en propre est mis en commun pour tous par la communion de l'amour et l'amour de la communion.

24. Tous en commun chantent à Dieu leur jubilation dans un temple unique. Dans le livre de la vie, ils sont tous ensemble à lire, à méditer, à contempler. Et tous se restaurent en commun à la même table. Dans le lieu de l'éternel repos (Is 66, 1), ils s'assoient ensemble. Aucun d'eux n'agit à part, et donc ne se permettrait de troubler ou d'offenser la paix commune, ou l'obéissance, ou le bon ordre.

25. Ainsi se manifeste l'heureuse et bienheureuse société des citoyens d'en haut dans leur vie en commun. À nous qui nous situons encore sur la terre, leur manière de vivre doit sans cesse nous être présentée comme un modèle. Voilà comment nous obtiendrons de leur être associés d'autant plus intimement qu'il nous sera donné d'imiter plus étroitement leur vie, par « la grâce de notre Seigneur Jésus Christ, l'amour de Dieu et la communication du Saint-Esprit. Amen[1] » (2 Co 13, 13).

---

1. Beaudouin de Forde, *Grâce et beauté de la Vierge Marie et autres sermons*, tome II, Col. Pain de Cîteaux 22, série 3, éd. du Cerf, 2004, pp. 56-57.

7. « Has caelebres, rex caelice, laudes », la prose des Anges.

La prose des Anges fait partie des répertoires d'Auch et d'Autun, de Saint-Martial et de Moissac, aussi bien que de Metz et de Saint-Emmeram ; on la trouve également en Italie et en Angleterre. C'est une prose entièrement centrée sur la hiérarchie céleste, rattachée à l'*Alléluia* pour la fête de Saint Michel. Cette prose est prise au tropaire-prosaire de Moissac, copiée vers la seconde moitié du XIe siècle dans le scriptorium de Saint-Pierre de Moissac (sud de la France).

**

Ces louanges festives,
ô Roi céleste,
que toute
l'assemblée sonore
les chante maintenant en symphonie

et que notre chœur
chante en même temps
pour toi,
au moment qu'est
célébrée de nouveau
la grande fête de Saint Michel

dans laquelle
tout l'ouvrage du monde
est rempli de joie.

Distinguées en neuf ordres
Sont les troupes des anges
Que tu as créées.

Mais, quand tu veux,
tu les rends flamboyants
par leurs offices angéliques.

Car ceux-ci sont parmi
tes premières créations
tandis que nous sommes
les dernières faites,
mais à ton image.

Ces troupes des anges
divisés en trois fois trois
nous chantent
leur profession de foi
par leurs propres offices.

Le peuple angélique
et la troupe archangélique
l'escadron dominant,
la force céleste
et la Puissance résonnant
saintement.

Puissances régnantes,
tribunaux divins,
Chérubins aériens
et Séraphins
à la chevelure de feu,

Vous et Michel,
satrape du ciel,
Gabriel qui annonce la
vérité du Verbe,

Et Raphaël
qui sert la vie,
conduisez-nous
parmi les habitants
du paradis.

Qu'ils soient donc
accomplis par vous,
tous les commandements
du Père
que vous donne sa sagesse
et en même temps l'Esprit
qui demeure
dans une seule essence,
Dieu dont vous êtes
les milliers de milliers
de serviteurs sacrés.

Au nombre de deux fois cinq
deux fois cinq cents
dix fois cent mille
ils assistent dans la cour
où le Roi,
né de la parole de Dieu,
amène la centième brebis
et la dixième drachme,
au-dessus de vous,

images divines.
Vous dans le cieux,
et nous sur la terre
la dixième partie élue,
que nous chantions
en harmonie
sur la cithare
« hyperlydienne »
en priant

Qu'après la guerre glorieuse
de Michel
notre encens
sur l'autel doré
soit accepté par Dieu,

Afin que nous puissions
dès maintenant

Chanter ensemble
en éternelle béatitude : Alléluia[1] !

---

1. Cf. Iversen G., *Chanter avec les âges*, coll. Patrimoines Christianisme, éd. du Cerf, Paris, 2001, pp. 154-157.

9. « Vous verrez les cieux ouverts et les anges du ciel descendant... »

Bossuet, orateur français et évêque de Meaux (1627-1704).

« Dans l'ordre des écrivains, je ne vois personne au-dessus de Bossuet ; nul plus sûr de ses mots, plus fort de ses verbes, plus énergique et plus délié dans tous les actes du discours, plus hardi et plus heureux dans la syntaxe, et, en somme, plus maître du langage, c'est-à-dire de soi-même. Cette pleine et singulière possession qui s'étend de la familiarité à la suprême magnificence, et depuis la parfaite netteté articulée jusqu'aux effets les plus puissants et retentissants de l'art, implique une *conscience* ou une *présence* extraordinaire de l'esprit en regard de tous les moyens et de toutes les fonctions de la parole. Bossuet dit ce qu'il veut. Il est essentiellement volontaire, comme le sont tous ceux que l'on nomme *classiques*. Il procède par constructions, tandis que nous procédons par accidents ; il spécule sur l'attente qu'il crée tandis que les modernes spéculent sur la surprise. Il part puissamment du silence, anime peu à peu, enfle, élève, organise sa phrase, qui parfois s'édifie en voûte, se soutient de propositions latérales distribuées à merveille autour de l'instant, se déclare et repousse ses incidentes qu'elle surmonte pour toucher enfin à sa clé, et redescendre après des prodiges de subordination et d'équilibre jusqu'au terme certain et à la résolution complète de ses forces ».

Paul Valéry, *Œuvres*, Gallimard, Bibliothèque de la Pléiade, Paris, tome I, p. 49

**

Les anges, seront-ils toujours occupés de leur paix et de leur repos, sans penser à secourir ceux qui travaillent ? Non, mes frères, il n'en est pas ainsi : la charité ne le permet pas. Elle nous fait monter, elle fait descendre les anges ; elle nous trouve au milieu des biens corruptibles, elle trouve les esprits célestes unis immuablement au bien éternel : elle se met entre deux, et tend la main aux uns et aux autres. Elle nous dit au fond de nos cœurs : vous qui êtes parmi les créatures, gardez-vous bien de vous arrêter aux créatures ; mais dans cette bassesse où vous êtes, faites qu'elles vous conduisent au Créateur : vous qui êtes au bord des ruisseaux, apprenez à remonter à la source. Elle dit aux anges célestes : vous qui jouissez du Créateur, jetez aussi les yeux sur ses créatures ; vous qui êtes à la source, ne dédaignez pas les ruisseaux. Ainsi vous voyez, Chrétiens, qu'une même charité, qui remplit les anges et les hommes, meut différemment les uns et les autres [...].

Je dis donc, et je vous prie de le bien entendre, que ce qui attire les anges, ce qui les fait descendre du ciel en la terre, c'est le désir d'y exercer la miséricorde. Car ils savent, ces esprits célestes, que sous un Dieu si bon et si bienfaisant, dont les miséricordes n'ont point de bornes, dont les infinies misérations éclatent magnifiquement par dessus tous les autres ouvrages (Ps 149, 9) ; ils savent, dis-je, que, sous ce Dieu, il n'y a rien de plus grand ni de plus illustre que de secourir les misérables[1].

---

1. Bossuet, *Sermon pour la fête des Saints anges gardiens*, prêché le 2 octobre 1659.

10. Journal et correspondance de sœur Marie Lataste

Marie Lataste est une religieuse française. Née en 1822, elle meurt en 1847. Sur ordre de son directeur spirituel, elle écrit ses mémoires, qui furent publiés en même temps que son journal et sa correspondance, en 1862. Ses locutions ne sont pas sans rappeler les célèbres « Dialogues » de sainte Catherine de Sienne.

**

Extraits – chapitre II :

Je veux vous parler de deux choses que produisent les anges sur les hommes. La première, c'est l'illumination de l'intelligence, la seconde le mouvement de la volonté [...]. Les anges, ma fille, éclairent les hommes de trois manières : en leur annonçant les divins mystères, en les instruisant, en les exhortant ; ils les éclairent en se manifestant à eux visiblement ou invisiblement [...] Invisiblement, lorsqu'ils ne se servent d'aucun objet sensible pour se manifester à l'homme, quand ils agissent directement avec l'âme sur l'âme, quand ils lui parlent comme un esprit à un esprit, comme un ange à un ange ; et cela, soit que celui à qui ils s'adressent soit éveillé, soit qu'il soit endormi, comme ils s'adressent à tous ceux à qui ils portent un intérêt et qui leur sont confiés en leur inspirant de bonnes pensées. [...] Ce mouvement ne ressemble pourtant pas à un mouvement, comme celui par exemple que vous communiqueriez à un objet quelconque ; non, ma fille, car la volonté demeure toujours libre, et comme libre, ni les anges, ni Dieu ne peuvent lui donner mouvement vers le bien si elle ne veut pas. Ce mouvement est une disposition vers le bien, une aptitude, une facilité à faire le bien. À cet effet, les anges enlèvent, font disparaître ou diminuent les obstacles qui empêcheraient la volonté et l'arrêteraient, et en ce sens, ils lui donnent encore le mouvement.

Extraits – Chapitre III :

Ma fille, Dieu gouverne, dirige et mène tout immédiatement par sa providence. Rien ne Lui échappe, comme il a tout créé, ainsi il conserve tout, ainsi il veille sur tout et porte ses yeux sur toutes choses. Néanmoins, il lui a plu de confier l'exécution des actes de sa providence à des ministres qu'il s'est donnés. Ces ministres sont les anges. [...] Il a fait le monde et l'a confié à ses anges, il a fait l'homme et il le leur a confié aussi. Ils sont toujours à ses côtés, ils sont toujours avec lui, ils veillent sur lui, ils le gardent, et c'est pour cela qu'ils sont appelés anges gardiens. Tous les hommes ont un ange gardien [...] car telle est la volonté de mon Père du ciel, faisant tout pour le bien et le salut de l'homme. Les anges gardiens n'ont point été seulement donnés aux hommes depuis ma venue en ce monde, mais depuis le commencement, tous les hommes ont reçu de Dieu un ange pour veiller sur eux.

Extraits – Chapitre IV :

Voici ce que fait pour vous l'ange gardien et ce que vous devez faire pour lui. L'ange gardien éloigne de vous les maux du corps et de l'âme ; il lutte contre vos ennemis, il vous excite à faire le bien ; il porte à Dieu vos prières et inscrit sur le livre de vie vos bonnes œuvres ; il prie pour vous, il vous suit jusqu'à la mort, et vous portera dans le sein de Dieu, si vous vivez dans la justice pendant que vous serez sur terre. […] Un rien peut affliger notre corps pour jamais, un accident peut pour jamais aussi vous ravir la vie de votre âme. Vous n'êtes point assez avisée pour écarter et éloigner tous les dangers ; et quand vous le seriez assez, souvent vous ne le pourriez pas vous-même. Ce que vous ne voyez pas, votre ange gardien le peut pour vous, et il protège votre corps et votre âme en éloignant tout ce qui pourrait lui être préjudiciable ; il le fait sans que vous vous en aperceviez. Si quelque fois vous y réfléchissiez, et que vous vous demandassiez comment vous avez échappé à tel accident, à tel malheur, vous toucheriez du doigt l'action de votre bon ange. […] Enfin, ma fille, votre ange gardien vous suivra partout ; il vous suivra tous les jours de votre vie, et quand Dieu vous retirera de ce monde, il vous présentera à Lui.

Que feront-ils, qu'entreprendront-ils ? Ils n'en trouvent point dans le ciel, ils en viennent chercher sur la terre. Là, ils ne voient que des bienheureux : ils quittent ce lieu de bonheur, afin de rencontrer des affligés. Apprenez ici, Chrétiens, de quel prix sont les œuvres de miséricorde. Il manque, ce semble, quelque chose au ciel, parce qu'on ne peut pas les y pratiquer. Encore qu'on y voit Dieu face à face, encore qu'il enivre les esprits célestes du torrent de ses voluptés ; toutefois leur félicité n'est pas accomplie, parce qu'il n'y a point de pauvres que l'on assiste, point d'affligés que l'on console, point de faibles que l'on soutienne, enfin, point de misérables que l'on soulage. Mais ils ne découvrent autre chose dans ce lieu d'exil : c'est pourquoi vous les voyez accourir en foule. Ils pressent les cieux de s'ouvrir et ils descendent impétueusement du ciel sur la terre : « Vous verrez les cieux ouverts... » ; tant ils trouvent de contentement à exercer les œuvres de miséricorde.

Ah ! mes frères, le grand exemple pour nous qui sommes au milieu des maux, dans le pays propre de la misère[1] !

11. Sollicitude des anges envers nous

Discours du Pape Jean XIII (1881-1963)

Giuseppe Roncalli devint Pape en 1958 sous le nom de Jean XXIII. Le 25 janvier 1959, Jean XXIII convoqua le deuxième concile du Vatican. Il engagea également la réforme du Code de droit canonique, datant de 1917. Le 11 octobre 1962, le concile fut ouvert. En septembre 1962, un cancer fut diagnostiqué. Jean XXIII s'efforça de permettre au concile de continuer son travail. Le 11 avril 1963, il promulgua l'encyclique *Pacem in terris*, adressée à tous les hommes de bonne volonté, condamnant la notion de

1. Darbins P., *Les Anges et les hommes. Vie et œuvres de sœur Marie Lataste*, livre IV, éd. Téqui, Paris, 1974.

« guerre juste ». Il mourut le 3 juin 1963, jour de la fête de la Pentecôte.

Il fut béatifié le 3 septembre 2001 par Jean-Paul II. Depuis lors, son corps repose sous un autel de la basilique Saint-Pierre.

**

Voici le 2 octobre : la fête des saints anges gardiens. Dans l'audience générale de jeudi dernier 29 septembre, fête de saint Michel archange, nous avons esquissé les grandes œuvres du prince de la milice céleste et des autres archanges que la Sainte Écriture nous fait connaître : Gabriel et Raphaël. Nous nous proposons maintenant de réaffirmer combien il est important dans toute vie chrétienne de comprendre, d'estimer et d'aimer la présence de l'ange gardien.

Sur la foi de tout ce qu'enseigne le Catéchisme romain, nous allons rappeler combien est admirable la disposition de la divine providence qui a confié aux anges l'office de veiller à ce que le genre humain et chaque être humain ne soit pas victime de graves périls. De même en effet que, en cette existence terrestre, les parents, quand leurs enfants doivent entreprendre un voyage hérissé d'obstacles et d'embûches, se préoccupent d'appeler auprès d'eux quelqu'un qui puisse prendre soin d'eux et les aider dans l'adversité, ainsi le Père des cieux, pour chacun de nous, durant notre voyage vers la patrie céleste, a chargé les saints anges de nous aider et de nous protéger avec sollicitude afin que nous puissions éviter les embûches, surmonter les passions, et, sous leur conduite, ne jamais abandonner la voie droite et sûre qui conduit au paradis.

Déjà dans l'Ancien Testament, **et précisément dans le livre de Tobie**, sont rapportées avec un soin particulier, les indications précieuses de l'ange Raphaël, ses conseils et ses interventions en faveur du jeune Tobie en sorte que son voyage soit rendu facile et dégagé de tout obstacle.

De même dans le Nouveau Testament, nous trouvons la page lumineuse et émouvante où est raconté l'envoi de l'ange par le Seigneur auprès du Prince des Apôtres enfermé dans une prison à Jérusalem et les prodiges par lesquels a été accomplie sa libération.

Les successeurs de saint Pierre ont toujours eu manifestement une assistance spéciale du Seigneur. Mais c'est aussi une vérité certaine que tous et chacun, nous sommes confiés à la sollicitude d'un ange. De là la vive et profonde dévotion que tous nous devons avoir envers notre ange gardien et qui doit nous faire redire avec confiance et fréquemment la douce prière que nous avons apprise aux jours de notre enfance.

Nous pouvons ajouter que, en accédant au pouvoir suprême, nous avons, selon la coutume, changé nos prénoms de Ange Joseph en celui de Jean, qui n'avait été pris par aucun pape depuis cinq siècles. Cependant nous avons gardé le premier nom, celui d'Ange.

Que la dévotion aux saints anges nous accompagne donc toujours ! Durant notre pèlerinage terrestre, combien de risques n'avons-nous pas à affronter soit de la part des éléments de la nature en révolution soit de la colère des hommes enfoncés dans le mal ! Eh bien, notre ange gardien est toujours présent. Ne l'oublions jamais, invoquons-le toujours[1].

---

1. Jean XXIII, 2 octobre 1960, *Discours*, t. 2, 762.

12. L'ESCORTE ANGÉLIQUE DU FILS DE L'HOMME[1]

Hans Urs von Balthasar (1905-1988), prêtre et théologien suisse de langue allemande. Le cardinal Jean Daniélou a dit de lui qu'il était « l'homme le plus cultivé qui existe aujourd'hui ».

Nous vous proposons un extrait de la fameuse trilogie théologique que Balthasar publia de 1961 à 1987 : *La gloire et la croix, La dramatique divine*, et la *Théologique.* Il s'agit de l'œuvre théologique la plus originale du vingtième siècle. De 1969 à 1988, il fut membre de la Commission théologique internationale. Le père Balthasar, pourtant absent du Concile Vatican II, fut élu cardinal en 1988. Il s'éteignit le 26 juin de la même année, deux jours avant de recevoir la pourpre cardinalice.

**

Les anges qui ont joué un rôle intermédiaire dans l'Ancienne Alliance et qui, d'après les conceptions du judaïsme tardif et de Paul, ont transmis l'Alliance du Sinaï, ne peuvent que perdre du terrain dans la Nouvelle Alliance, où ils ne forment plus que l'escorte du Fils de l'homme sur la terre. Il n'y a plus du tout besoin d'intermédiaire, lorsque le Fils a son Père avec lui, qu'il est lui-même dans le sein du Père, qu'il agit d'après ce qu'il voit,

---

1. Urs von Balthasar H., *La gloire et la Croix*, t. 1., éd. Aubier, 1965, pp. 572-574.

entend, touche de son Père. Cependant, les anges ne peuvent pas être absents, parce qu'ils font partie de la gloire céleste du Fils de l'homme, mais surtout parce qu'ils manifestent le caractère social du Royaume des cieux en lequel le cosmos doit être changé...

En tant que témoignage du vivant Royaume des cieux, ceci fait partie de la figure de gloire du Fils de l'homme : « Vous verrez le ciel ouvert et les anges de Dieu monter et descendre au-dessus du Fils de l'homme » (Jn 1, 51). Mais cette annonce qui, indubitablement, se rattache à la vision de Jacob ne trouve nulle part son accomplissement dans l'évangile de Jean ; il faut donc admettre qu'il a vu dans l'image traditionnelle la théophanie même de Dieu, la gloire du Père dans le Fils. De même, chez les synoptiques, les anges sont absents partout où Jésus parle et agit dans la perfection de son propre pouvoir. Il n'est pas subordonné à eux, pas même dans sa figure d'esclave. Il pourrait demander leur secours à son Père quand on s'empare de lui, mais il ne le fait pas. Il ne s'avance jamais entouré d'anges, comme s'ils complétaient sa figure céleste (à la manière dont les larrons complètent sa figure de Crucifié) ; les anges ne font que suivre son sillage, comme l'éclat vivant qui lui rend témoignage. D'après Luc, ils apparaissent au-dessus de la crèche, comme l'éclat de sa descente, et après l'Ascension, comme l'éclat de sa montée. Auprès du tombeau vide, ils sont l'éclat de la Résurrection. Après la tentation et la victoire sur les puissances démoniaques, ils s'avancent pour servir Jésus, pour attester sa victoire. Chez Luc encore, un ange vient réconforter Jésus sur le Mont des Oliviers : là où il sent son lien avec le Père se relâcher, quand le serviteur souffrant sombre totalement dans la faiblesse humaine, ce service presque vétérotestamentaire rendu dans la souffrance redevient plausible. C'est seulement dans l'image eschatologique du Fils de l'homme revenant du ciel *« avec ses anges »* (Mt 25, 31) que la vision promise dans l'évangile de Jean se réalise directement. Elle est eschatologique, comme elle est apocalyptique : l'Apocalypse fait jeter un regard dans la communauté des anges et des hommes, au sein de la Jérusalem d'en haut.

APPENDICE III

Prier Dieu avec les anges

1. Recueil de prières

Ange saint,
qui veilles sur ma pauvre âme
et sur ma misérable vie,
ne me quitte pas – je suis pécheur –
et ne m'abandonne pas à cause de mes souillures.
Ne laisse pas approcher les esprits mauvais,
dirige-moi en exerçant ton pouvoir sur mon corps périssable.
Prends ma main blessée et impuissante,
conduis-moi sur le chemin du salut.
Oui, saint ange de Dieu,
qui veilles sur mon âme et sur mon corps,
pardonne-moi tout ce qui a pu t'offenser
au cours de ma vie et toutes mes fautes d'aujourd'hui.
Protège-moi dans la nuit qui s'approche
et garde-moi des embûches et des attaques de l'Ennemi,
pour que je n'offense point Dieu par un péché.
Intercède pour moi, auprès du Seigneur,
afin qu'il m'affermisse dans sa crainte,
et qu'il fasse de moi un serviteur digne de sa sainteté.
Amen.

Saint Macaire d'Égypte (300-390)

« Mon Dieu, je crois, j'adore, j'espère et je t'aime.
Je te demande pardon pour ceux qui ne croient pas, qui n'adorent pas, qui n'espèrent pas et qui ne t'aiment pas. »

Prière enseignée par l'ange aux enfants de Fatima

Bon Ange de Dieu qui es mon Gardien :
éclaire-moi, guide-moi, protège-moi !
Ne m'abandonne jamais,
tout pécheur que je suis !
Prends-moi par la main
et conduis-moi jusqu'au bout
dans les saintes voies de l'amour de Dieu !
Amen

Prière à l'ange gardien

Béni sois tu, saint Ange,
puisque dans son amour pour moi,
Dieu t'a choisi pour prendre soin de ma vie,
toi qui dès le premier instant de mon existence,
ne m'as jamais abandonné,
qui, jour et nuit, m'assistes pour me détourner du mal,
et m'aider à faire le bien.
Je te rends grâce, pour ce que tu as déjà fait pour moi,
et je te demande, de continuer à me protéger.
Sois mon secours dans mes besoins,

ma consolation dans mes peines,
et mon soutien dans mes découragements.
Défends-moi contre les ennemis de mon salut,
éloigne de moi les occasions de pécher,
et aide-moi à être fidèle et docile à tes bonnes inspirations.
Mais surtout, protège moi à l'heure de la mort,
et ne me quitte pas, avant de m'avoir conduit auprès de mon Seigneur.
Ô mon ange gardien,
puisque dans son amour le Seigneur m'a confié à toi,
éclaire-moi, guide-moi,
garde-moi et gouverne-moi.
Amen

Seigneur,
veille sur tous ceux qui travaillent,
sur ceux qui pleurent cette nuit,
et fais que tes anges gardent ceux qui dorment.
Soigne les malades, Seigneur Jésus,
donne le repos à ceux qui sont fatigués,
bénis les mourants,
console les affligés,
aie pitié de ceux qui souffrent et
protège ceux qui sont heureux.
Amen.

Prière avant le coucher (anonyme)

Ô toi qui traverses l'espace
plus promptement que les éclairs,
je t'en supplie, vole à ma place
auprès de ceux qui me sont chers ;
de ton aile sèche leurs larmes
et chante combien Jésus est bon.

Petite Thérèse (« À mon ange gardien »)

Prière aux saints anges gardiens

Je vous salue, saints anges gardiens de mes parents,
de mes amis, de mes bienfaiteurs,
gardez-les et protégez-les d'une manière spéciale,
secourez-les dans tous leurs besoins
pendant leur vie et surtout à l'heure de la mort.
Je vous salue, saints anges gardiens du Souverain pontife,
des évêques et de tous les pasteurs qui nous gouvernent
et nous dirigent dans les voies du salut ;
obtenez-leur le zèle, la prudence, les lumières
et la sainteté nécessaires pour remplir dignement
les fonctions de leur ministère.
Je vous salue, saints anges gardiens de tous ceux
qui sont chargés de nous gouverner dans l'ordre
des choses temporelles ;
obtenez-leur cette sagesse que Dieu
donna à Salomon pour gouverner son peuple.
Je vous salue saints anges gardiens de tant d'hommes
qui ne vous connaissent pas,
je vous témoigne pour eux le respect, l'amour

et la reconnaissance que vous méritez
pour les soins que vous leur prodiguez.
Qu'ils parviennent avec vous
au terme de la félicité éternelle.
Je vous salue, saints anges gardiens
de cette maison et de ses habitants,
obtenez-nous de vivre toujours unis en paix et
conduisez-nous aux pieds du Très-Haut
pour y recevoir la couronne de l'immortalité.
Amen.

Prière à la Vierge des anges

Ô Vierge des anges,
toi qui depuis tant de siècles as posé
ton trône de miséricorde à la Portioncule,
écoute la prière de tes enfants
qui font recours à toi avec confiance.
De ce lieu vraiment saint et habitation de Dieu,
particulièrement cher au cœur de Saint François,
Tu as toujours rappelé les hommes à l'Amour.
Tes yeux, pleins de tendresse, nous assurent
une continuelle assistance maternelle
et ils promettent l'aide divine
à tous ceux qui se prosternent
aux pieds de ton trône ou à ceux qui
de loin s'adressent à toi,
en t'appelant à leur secours.
Tu es vraiment notre douce Reine
et notre espérance.

Ô notre Dame des anges, obtiens-nous,
par la prière du bienheureux François,
le pardon de nos fautes, aide notre volonté
à nous garder loin du péché et de l'indifférence
pour que nous soyons dignes de t'appeler notre Mère.
Bénis nos maisons, notre travail,
notre repos en nous donnant la paix sereine,
celle que l'on expérimente entre les murs
de la Portioncule, où la haine, le péché et les pleurs
se changent en chants de joie comme ceux
de tes anges et du Séraphique François.
Aide ceux n'ont aucun soutien,
ceux qui n'ont pas de pain,
ceux qui sont en danger ou dans la tentation,
dans la tristesse ou dans le découragement,
ceux qui sont malades ou sur le point de mourir.
Bénis nous, comme tes enfants de prédilection,
et avec nous, nous te prions de bénir,
par le même élan maternel,
les innocents et les coupables,
les fidèles et les égarés,
les croyants et les hésitants.
Bénis toute l'humanité afin que les hommes,
en se reconnaissant enfants de Dieu et tes enfants,
retrouvent dans l'Amour,
la vraie paix et le bien véritable.
Amen

Basilique Patriarcale de Sainte Marie des Anges,
Sanctuaire de la Portioncule à Assise (Italie)

Ange de Dieu, qui es mon gardien,
à qui la Bonté Divine m'a confié,
éclaire-moi, garde-moi, dirige-moi et gouverne-moi.
Amen

(Traditionnel)

Prière à Saint Michel Archange

Saint Michel, Archange,
défends-nous dans le combat !
Sois notre secours contre la malice et les embûches du démon.
Que Dieu exerce sur lui son empire, nous le demandons en suppliant !
Et toi, Prince de la milice du ciel, armé de la force de Dieu,
repousse en enfer Satan et les autres esprits mauvais
qui rôdent dans le monde pour perdre les âmes. Amen.

Pie VI (20 septembre 1796)

Ô saint ange de Dieu à qui j'ai été donné en garde
par une miséricordieuse providence,
je te remercie pour tant de secours
dont tu as environné ma vie temporelle,
et la vie bien plus précieuse de mon âme.
Je te rends grâces de ce que tu m'assistes si fidèlement,
me protèges si constamment,
me défends si puissamment contre les attaques de l'ange des ténèbres.

Bénie soit l'heure depuis laquelle tu travailles à mon salut ;
que le Cœur de Jésus rempli d'amour pour ses enfants,
t'en récompense.
Ô mon ange tutélaire,
que j'ai de regret de mes résistances à tes inspirations,
de mon peu de respect pour ta sainte présence,
de tant de fautes par lesquelles je t'ai contristé,
toi mon meilleur, mon plus fidèle ami.
Pardonne-moi ; ne cesse pas de m'éclairer,
de me guider, de me reprendre.
Ne m'abandonne pas un seul instant,
jusqu'à celui qui sera le dernier de ma vie ;
et qu'alors mon âme, portée sur tes ailes,
trouve miséricorde auprès de son juge,
et la paix éternelle parmi les élus. Amen.

Sainte Gertrude

Ô saints anges gardiens de mes bons parents,
de mes chers amis, de mes bienfaiteurs
et de mes serviteurs affectionnés et fidèles,
je vous conjure de les entourer toujours
de votre protection céleste en les abritant
avec vigilance sous vos chastes ailes,
afin qu'ils y soient bien préservés
de tout péché et de toute affliction.
Obtenez pour eux la santé de l'âme et du corps,
je vous en supplie, secourables anges. Amen.

Saint François de Sales

Mon bon ange, compagnon, maître, gouverneur,
seigneur, roi, prince chéri et bienfaisant,
toi qui veilles sur moi avec tant de bonté,
toi en qui j'ai tant de confiance et je n'en aurai jamais assez,
toi qui me soutiens en tous les instants de la vie…
prie pour moi.

Charles de Foucauld (1858-1916)

Prière à l'ange gardien

Mon ami le plus ancien,
mon ami fidèle, mien jusqu'à la mort,
tu es toujours à mes côtés,
toi à qui le Créateur a confié mon âme.
Tu seras toujours près de moi,
quand déclinera ma vie.
Ennemi vigilant et jaloux du doute,
de l'impatience et de la tristesse.
Mien, tu seras toujours,
ô frère de mon âme,
quand tu m'introduiras toi-même
dans la demeure du Seigneur.

Cardinal J.-H. Newman

Prière au Christ Seigneur des anges

Dans les cieux et sur la terre,
il n'est aucun Nom plus doux,
aucun que mon cœur préfère

au nom du Christ, mort pour nous.
Quel beau nom porte le Fils éternel !
Quel beau nom que celui d'Emmanuel !
Quelque grand que soit un homme,
qu'il soit prince ou qu'il soit roi,
de quelque nom qu'on le nomme,
Jésus est plus grand pour moi.
Quel beau nom porte le Fils éternel !
Quel beau nom que celui d'Emmanuel !

Les séraphins, les archanges,
portent des noms glorieux.
Mais le plus beau nom des anges
pourrait-il me rendre heureux ?
Quel beau nom porte le Fils éternel !
Quel beau nom que celui d'Emmanuel !

À SAINT GABRIEL ARCHANGE, PATRON DES TECHNIQUES AUDIOVISUELLES.

Père des cieux,
je te remercie d'avoir choisi
et envoyé l'archange Gabriel
annoncer l'incarnation de ton Fils et la rédemption de l'humanité. Marie a reçu l'annonce avec foi et ton Fils s'est incarné.
En mourant sur la croix, il nous racheta tous mais la grande majorité n'a pas encore reçu le message du salut. Saint Gabriel, protecteur des techniques audiovisuelles :

**cinéma, radio et télévision,
intercède auprès du Maître divin
pour que l'Église
puisse utiliser pleinement ces moyens puissants
pour annoncer à tous les vérités à croire
et pour indiquer la route à suivre.
Que ces dons de Dieu servent à l'élévation
et au salut de tous
et jamais pour avilir des êtres humains.
Que chacun de nous accueille docilement le message de Jésus Christ.
Saint Gabriel, prie pour nous
et pour les apôtres des techniques audiovisuelles.
Amen.**

Don G. Alberione (1884-1971)

Prière pour les voyageurs

Jésus Vérité, éclaire-moi
pour que je fasse ce voyage soucieux de charité,
le regard tourné vers le ciel.
Jésus Voie, guide-moi
pour que j'aie la maîtrise de moi-même,
de la clairvoyance,
une modération constante.
Jésus Vie, sois partout pour moi
et pour tous ceux que j'accompagne
ou que je rencontre
la joie de l'esprit
et le salut de l'âme et du corps.

Ange gardien,
précède-moi avec bienveillance
et garde-moi. Amen.

Don G. Alberione

LITANIES EN L'HONNEUR DES SAINTS ANGES

Seigneur, prends pitié
Ô Christ, prends pitié
Seigneur, prends pitié

Sainte Mère de Dieu,
prie pour nous
Sainte Marie, Reine des anges,
prie pour nous

Saint Michel Archange,
prie pour nous
Saint Gabriel Archange,
prie pour nous
Saint Raphaël Archange,
prie pour nous
Saints anges et archanges,
priez pour nous

Saints anges de Dieu,
priez pour nous

Saints anges qui contemplez la Face du Père céleste,
priez pour nous
Saints anges qui peuplez le ciel par myriades,
priez pour nous
Saints anges qui gardez la porte du Ciel,
priez pour nous
Saints anges qui adorez et servez Dieu dans sa gloire,
priez pour nous
Saints anges qui exécutez les ordres divins,
priez pour nous
Saints anges qui portez nos prières devant le Trône de Dieu,
priez pour nous
Saints anges qui portez en vous l'amour de Dieu,
priez pour nous
Saints anges qui annoncez aux hommes le salut,
priez pour nous
Saints anges qui soutenez les malades,
priez pour nous
Saints anges qui consolez les affligés
priez pour nous
Saints anges qui protégez les voyageurs,
priez pour nous
Saints anges qui prenez soins des enfants,
priez pour nous
Saints anges qui défendez l'Église du Christ,
priez pour nous

Saints anges qui vous réjouissez de la conversion du pécheur,
priez pour nous
Saints anges qui priez avec nous dans la liturgie,
priez pour nous
Saints anges, qui repoussez les attaques du Malin,
priez pour nous
Saints anges qui inspirez nos bonnes pensées et nos bonnes actions,
priez pour nous
Saints anges gardiens qui restez toujours auprès de nous,
priez pour nous
Saints anges qui assistez les mourants,
priez pour nous
Saints anges qui conduisez les justes au Ciel,
priez pour nous
Saints anges qui escorterez le Christ lorsqu'il reviendra pour juger le monde,
priez pour nous

Agneau de Dieu qui effacez les péchés du monde,
pardonnez-nous Seigneur
Agneau de Dieu qui effacez les péchés du monde,
exaucez-nous Seigneur
Agneau de Dieu qui effacez les péchés du monde,
ayez pitié de nous Seigneur

Prions

Dieu éternel et tout-puissant
qui, dans ton admirable bonté,
as envoyé à tout homme,
un ange pour l'accompagner
dans les joies et les tristesses de la vie d'ici bas,
accorde-nous de l'aimer et de le suivre fidèlement
afin que nous parvenions avec lui à l'éternelle félicité.
Par Jésus-Christ Notre-Seigneur.
Amen.

2. Prières et Hymnes liturgiques

L'Angelus

V. L'Ange du Seigneur porta l'annonce à Marie,
R. et elle conçut du Saint-Esprit.
Je vous salue…
V. «Voici la servante du Seigneur,
R. qu'il me soit fait selon ta parole ».
Je vous salue…
V. Et le Verbe s'est fait chair,
R. et il a habité parmi nous.
Je vous salue…
V. Priez pour nous, sainte Mère de Dieu.
R. Afin que nous soyons rendus dignes des promesses du Christ.

PRIONS

**Que ta grâce, Seigneur notre Père,
se répande en nos cœurs ;
par le message de l'ange,
tu nous as fait connaître
l'incarnation de ton Fils bien-aimé,
conduis-nous par sa passion et par sa croix
jusqu'à la gloire de la résurrection.
Par Jésus, le Christ, notre Seigneur.
Amen.**

HYMNE AUX SAINTS ANGES GARDIENS

**Point de voyage vers les sources
que les anges déjà n'escortent ;
point de combat contre les ombres
qu'ils n'appuient, en prêtant main forte.**

**Aucune veille dans la nuit
qu'ils n'entourent de leur silence,
et point de course vers l'aurore
qu'ils ne tracent et ne devancent.**

**Point de prière ni de cri
qu'ils n'élèvent devant le Père ;
même la mort la plus obscure,
ils l'orientent vers la lumière.**

**Anges de Dieu, ses messagers,
qui veillez au seuil de son temple,**

tournez vers Lui notre louange,
quand de loin nos yeux le contemplent.

Hymne

Gloire à toi, Seigneur des anges
pour leur beauté où se déploient
la splendeur de ta présence
et l'écho de ta voix.
Dans l'éclosion de leur louange,
ils s'élancent près de toi.

Ils jouaient dans ton aurore
avant que lève notre jour,
l'univers n'était encore
qu'un projet de l'amour.
Ils adoraient le Fils de l'homme
au sommet de leur parcours.

Frémissant devant ta Face,
à pleine joie ils crient ton Nom.
Que l'un d'eux descende et passe
nous toucher d'un tison :
alors nos lèvres rendront grâce,
purifiées par le pardon.

Quelle paix, sinon la tienne,
tes messagers annoncent-ils
dans leurs chants qui nous reprennent
à la nuit de l'exil ?
La porte s'ouvre, ils nous entraînent
jusqu'à l'arbre de vie.

Hymne aux saints anges gardiens

**Rayons de la Lumière,
gestes de notre Père,
mouvements de l'Esprit
qui joignez l'Amour et le cœur,
le Saint et le pécheur,
le Silence et le bruit,
par l'espace unitaire
de nos corps, sur la terre,
découvrez-nous le lieu
où l'homme trouve Dieu
en chaque créature
pour que le Règne vienne
et que la figure humaine
reflète la Face souveraine !**

Hymne à matines et aux vêpres

**Nous chantons les anges gardiens des hommes,
dont le Père du ciel
fit les compagnons de notre fragile nature,
de peur qu'elle ne succombe aux pièges des ennemis.**

**En effet, parce que l'ange de la trahison est tombé,
justement chassé des honneurs,
il s'efforce avec une violente jalousie d'en chasser
ceux que Dieu appelle au ciel.**

Vers nous donc, ô gardien, volez avec vigilance,
détournez du pays qui vous est confié
aussi bien les maladies de l'âme
que tout ce qui s'oppose au repos de ses habitants.

Pieuse louange, sans cesse, soit à la sainte Triade,
dont la puissance dirige continuellement
la triple édifice de ce monde,
et dont la gloire règne dans tous les siècles.
Amen.

PRIÈRE LITURGIQUE DU MISSEL ROMAIN (2 octobre)

« Seigneur, dans ta mystérieuse providence
tu envoies les anges pour nous garder ;
daigne répondre à nos prières
en nous assurant le bienfait de leur protection
et la joie de vivre en leur compagnie pour toujours.
Par Jésus Christ, ton Fils, notre Seigneur. »

PRIÈRE DE LA LITURGIE DES HEURES (COMPLIES)

Nous t'en supplions, Seigneur,
visite cette maison,
et repousse d'elle toutes les embûches de l'ennemi ;
que tes saints anges viennent l'habiter
pour nous garder dans la paix ;
et que ta bénédiction demeure à jamais sur nous.
Par Jésus le Christ, notre Seigneur. Amen.

Chapelet angélique de Saint Michel

En 1751, Saint Michel a révélé à la servante de Dieu Antonia d'Astonac, religieuse portugaise, qu'il voulait être honoré par neuf invocations correspondant aux neuf chœurs angéliques. À ceux qui l'auraient honoré par la récitation de ce petit chapelet, l'Archange a promis qu'il leur obtiendrait de Dieu d'être particulièrement protégés et assistés par lui pendant leur vie et, après la mort, qu'il leur obtiendrait la délivrance du purgatoire.
Bien que cette apparition n'ait pas été officiellement reconnue par l'Église, le bienheureux Pie IX a enrichi cette dévotion de nombreuses indulgences. Ces indulgences peuvent aussi être appliquées aux âmes du purgatoire.(S. Congrégation des Rites, 8 août 1851)

Ce petit chapelet en l'honneur des neuf chœurs angéliques est donc composé de neuf parties, chacune d'entre elles comprenant quatre grains : un pour le *Notre Père* et trois pour les *Je vous salue, Marie.*
— Dieu, viens à mon aide
— Seigneur, à notre secours
Gloire au Père...

1re Invocation : Par l'intercession de saint Michel et du chœur céleste des Séraphins, que le Seigneur nous rende dignes de la flamme de la parfaite charité.
(Un Pater et trois Ave pour honorer le 1er chœur angélique)

2e Invocation : Par l'intercession de saint Michel et du chœur céleste des Chérubins, que le Seigneur veuille nous donner la grâce d'abandonner la voie du péché et de persévérer dans celle de la perfection chrétienne.
(Un Pater et trois Ave pour honorer le 2e chœur angélique)

3e Invocation : Par l'intercession de saint Michel et du chœur des Trônes, que le Seigneur infuse en nos cœurs l'esprit de véritable et sincère humilité.
(Un Pater et trois Ave pour honorer le 3e chœur angélique)

4e Invocation : Par l'intercession de saint Michel et du chœur céleste des Dominations, que le Seigneur nous donne la grâce de dominer nos sens et de corriger nos penchants mauvais.
(Un Pater et trois Ave pour honorer le 4e chœur angélique)

5e Invocation : Par l'intercession de saint Michel et du chœur céleste des Puissances, que le Seigneur daigne protéger nos âmes des embûches et des tentations du démon.
(Un Pater et trois Ave pour honorer le 5e chœur angélique)

6e Invocation : Par l'intercession de saint Michel et du chœur des admirables Vertus, que le Seigneur ne permette pas que nous succombions aux tentations, mais qu'il nous délivre de tout mal.
(Un Pater et trois Ave pour honorer le 6e chœur angélique)

7e Invocation : Par l'intercession de saint Michel et du chœur céleste des Principautés, que le Seigneur remplisse nos âmes de l'esprit de véritable et sincère obéissance à sa volonté.
(Un Pater et trois Ave pour honorer le 7e chœur angélique)

8e Invocation : Par l'intercession de saint Michel et du chœur céleste des archanges, que le Seigneur nous accorde

le don de la persévérance dans la foi et dans les bonnes œuvres.
(Un Pater et trois Ave pour honorer le 8e chœur angélique)

9e Invocation : Par l'intercession de saint Michel et du chœur céleste de tous les anges, que le Seigneur nous accorde d'être gardés par eux dans la vie présente et conduits dans la gloire du ciel après notre mort.
(Un Pater et trois Ave pour honorer le 9e chœur angélique)

Pour terminer, on récite quatre *Pater* en l'honneur des saints Michel, Gabriel, Raphaël et de notre ange gardien.

Prière

Ô Dieu, qui as envoyé l'archange saint Michel
pour révéler au monde que ta puissance et ta force,
ont déjà anéanti les forces des ténèbres :
accorde-nous, par celui que nous vénérons
comme protecteur et intercesseur,
de croître en sainteté de vie
dans l'attente du bonheur éternel.
Par le Christ Notre Seigneur. Amen.

Bibliographie

Sources :

Bible de Jérusalem, Ancien Testament, DDB, Paris.
Bible Osty, *Nouveau Testament,* Salvator, Paris.
Catéchisme de l'Église Catholique, Mame-Plon, Paris, 1992.
Catéchisme de Saint Pie X, Dominique Martin Morin éd., Paris, 1978
Catechismo della Chiesa Cattolica, Compendio, éd. Vaticana, San Paolo, 2005.
Dictionnaire de Spiritualité Ascétique et Mystique Doctrine et Histoire, publié sous la direction de Marcel Villers s.j., Tome I, Beauchesne, Paris, 1936.
Dizionario Teologico, Queriniana, Brescia, 1974.
Gérard A.-M., *Dictionnaire de la Bible*, Robert Laffont, Paris, 1989.
Vocabulaire de théologie biblique (Collectif), éd. du Cerf, Paris, 1970.

Brochures et périodiques :

Actualités des Religions, Mystères & Spiritualité, Hors série n° 1, 1er avril 1999.
Les anges entre ciel et terre, Fête & Saisons, éd. du Cerf, Paris, 1997, n° 520.

Les anges, Sources vives, Paris, n° 110, juin 2003.
Une lumière sur la terre : le message de Marie à S. Catherine Labouré, éd. du Signe, Strasbourg, 1996.
30 jours dans l'Église et dans le monde, avril, 2003.

Auteurs :

Alphonse Marie de Liguori (Saint), *La voie du salut : Méditations pour la fête de Saint Michel*, Œuvres ascétiques X, 1968.
Anselme (Saint), *Un croyant cherche à comprendre*, éd. le Cerf, Paris, 1970.
Beaudouin de Forde, *Grâce et beauté de la Vierge Marie et autres sermons*, tome II, Coll. Pain de Cîteaux 22, série 3, éd. du Cerf, 2004.
Belmon C., *Le Bienheureux François d'Estaing, évêque de Rodez (1460-1529)*, Rodez, 1924.
Bernard de Clairvaux (Saint) in *Saint Bernard : Sermons pour l'année*, Brepols & Taizé, 1990.
Bérulle (Cardinal de), *Opuscule de piété*, éd. Aubier, p. 119.
Besse Dom, *Les mystiques bénédictins, des origines au XIIIe siècle*, Paris, Desclée de Brouwer, 1922, collection « Pax », vol. VI.
Bouflet J., *Encyclopédie des phénomènes extraordinaire dans la vie des mystiques*, éd. Le jardin des livres, Tome III, Paris, 2003.
Calmet A., *Dissertations sur les anges et les démons* in Archivium angelicum, (hors commerce), 1994.
Couture A. et Allaire N., *Ces anges qui nous reviennent*, Montréal, Fides, 1996.
Confalonieri C., *Pio XI visto da vicino*, Turin, 1957.

Darbins P., *« les Anges et les hommes » : Vie et œuvres de sœur Marie Lataste*, livre IV, éd. Téqui, Paris, 1974.

Del Ton G., *Verità sugli angeli e sugli arcangeli*, ed. Giardini, Pisa, 1995.

Dunoyer P., *Saint Gérard Majella*, Paris, 1905.

François de Sales, (Saint) *Introduction à la vie dévote*, 2e partie, chap. XVI.

Garrigues J.-M., *Le monde invisible des anges et leur mission dans le plan de Dieu*, Coll. Vie Spirituelle, éd. de l'Emmanuel, Paris, 2004.

Görres, *La mistica divina*, Napoli, 1867.

Guy J.-C., *Paroles des anciens*, apophtegmes des pères du désert, coll. Point-Sagesse, éd. du Seuil, Paris, 1976.

Hildegarde de Bingen, (Sainte) *Le livre des œuvres divines*, Paris, Albin Michel, 1982.

Huber G., *Mon ange marchera devant toi*, Éd. Saint-Paul, Versailles, 1994.

Iversen G., *Chanter avec les âges*, coll. Patrimoines Christianisme, éd. du Cerf, Paris, 2001.

Jaud L., *Vie des Saints pour tous les jours de l'année*, Mame, Tours, 1950.

Jean de la Croix, *Œuvres spirituelles*, Le Seuil, Paris, 1947.

Jeanguenin G., *Le prince des anges Saint Michel*, éd. Téqui, Paris, 2002.

Jeanguenin G., *Le Diable existe !*, éd. Salvator, Paris, 2003.

Magin I-M., *Un héros de la charité au XVIe siècle, Saint Jean de Dieu*, éd. Beauchesne, Paris, 1931.

Marchese F., *Vie de Sainte Marguerite de Cortone, du tiers-ordre de Saint François, d'après les actes de sa canonisation*, éd. Delsol, Paris, 1868.

Maréchaux B.-M., *Anges et démons*, éd. Bénédictines, Saint-Benoît-du-Sault, 1995.

Michel L., *Vie de saint Stanislas Kostka*, Desclée, Paris, 1893.

Monnin A., *Esprit du Curé d'Ars, M. Vianney dans ses catéchismes, ses homélies et sa conversation*, Téqui, Paris, 1975.

Peterson E., *Le livre des anges*, Desclée de B., Paris, 1954.

Pio (Padre) da Pietrelcina, *Epistolario III*, ed. Padre Pio da Pietrelcina, San Giovanni Rotondo, 1994.

Pseudo-Denys, *Œuvres complètes du Pseudo-Denys l'Aréopagite*, trad. M. de Gandillac, Paris, éd. Aubier, 1943.

Ries J., *Anges et démons*, Actes du colloque de Liège et de Louvain-la-Neuve, nov. 1987.

Tauler J., *Sermons*, Sermon sur les saints anges, 67, éd. Le Cerf, Paris, 1991.

Thérèse d'Avila, (Sainte), *Vie écrite par elle-même*, in Œuvres complètes de Sainte Thérèse de Jésus, éd. du Seuil, Paris, 1949.

Thérèse d'Avila, *Vie écrite par elle-même*, c. 28, in Œuvres complètes de Sainte Thérèse de Jésus, éd. du Seuil, Paris, 1949.

Urs von Balthasar H., *La gloire et la Croix*, éd. Aubier, Paris, 1965.

Cet ouvrage a été composé
par Atlant'Communication
aux Sables-d'Olonne (Vendée).

Imprimé par
l'imprimerie Corlet

en novembre 2008
pour le compte des Éditions Salvator.

Imprimé en France
N° d'impression : 117367
Dépôt légal : novembre 2008